일을
잘하고 싶은
너에게

일을
잘하고 싶은
너에게

이
원
홍

엮

당신은 어떤 사람인가? 월급 때문에 일하는 사람인가? 그렇다면 어서 이원홍의 이 책을 읽어보기 바란다. 일을 열심히 잘하고 싶은 마음은 성장하고 행복해지려는 마음과 둘이 아님을 알게 될 것이다. 그러니까 일의 의미를 찾아내 성심을 다해 일하는 것은 인생을 잘 사는 것과도 같은 길인 것이다. 이 인사이트를 이원홍은 산도르 마라이, 빅터 프랭클, 마루야마 겐지 등 나도 좋아하는 작가들의 문장으로부터 끌어내 때로는 우아하게 때로는 유머러스하게 들려준다. 당신이 만약 일이 성에 차지 않거나 일을 어떻게 대해야 할지 몰라 의논할 선배를 찾고 있다면 나는 단연 이원홍의 이 책을 추천한다.

• **최인아** (**최인아책방 대표, 크리에이티브디렉터, 카피라이터**)

어제 일처럼 기억한다. 신입사원 시절, 선배가 의자를 힘차게 돌려 나를 향하더니 환하게 웃으며 결코 잊지 못할 칭찬을 건넸던 것을. 그는 책을 넓고 깊게 읽었고 권위보다는 품위가 있는 선배였다. 그는 내가 일에서 최선을 발휘하고 성장하기를 진심으로 바랐으며, 그런 선배의 존재는 내게 커다란 행운이었다. 바로 그 이원홍 선배가 진심을 담아 후배들에게 귀한 말을 건넨다. 그에게 가장 잘 어울릴 매체인 책을 통해. 그래서 나는 '오늘 처음으로 이 책을 열어볼 저 낯모르는 젊은 사람을 뜨거운 마음으로 부러워한다.' 내가 지금 어느 책의 서문을 인용했는지, 이원홍 선배라면 바로 알 것이다.

• **김하나** (**《여자 둘이 살고 있습니다》 저자, 전직 카피라이터**)

작년 SNS에서 엄청 화제가 됐던 글이 있었다. 신입사원이 된 딸에게 쓰는 한 아버지의 편지였다. 회사에 취업하기 위해 치열하게 준비했던 시간들, 일을 잘하기 위해 고군분투했던 시간들을 보냈던 사람들이면 모두 공감하고 위로받을 수밖에 없었다. 딸을 위해 쓴 글이지만, 곧 나에게도 하는 말이기도 했다. 요즘같이 진심 어린 조언을 주고받기 어려운 시대에, 누군가의 살아 있는 조언을 들을 수 있다는 것은 삶의 축복이자, 지혜를 구하는 일이라고 생각한다. 나는 친한 지인들에게 일하는 게 너무 어렵고 덧없다 느껴지고 힘이 들 때면, 이 책을 읽으라고 권할 것이다. 이 책은 멋진 사수가 되기도, 때론 동료가 되기도 그리고 나를 가장 많이 생각해주는 아빠가 되어 아낌없는 위로와 조언을 해줄 테니까. 진짜 이런 보물 같은 책은 나만 알고 싶다.

• 이승희(마케터, 《별게 다 영감》 저자)

괜찮은 책을 정의하는 데에는 여러 조건이 있다. 새로울 것, 재미있을 것, 도움이 될 것 등. 이 책은 여기에 몇 가지를 추가한다. 통찰이 있을 것, 질문이 쏟아질 것, 나를 돌아보게 할 것. '일잘러'가 되고 싶지만 어쩐지 남의 눈치를 더 보게 되는 사람들이 읽으면 좋겠다. 자존심, 자부심, 자긍심 중에 '자긍심'을 더 중하게 여기는 사람, '좋은 고집'을 잃지 않고 일하기를 원하는 사람, 일의 우선순위를 재정립하고 싶은 사람에게 건네고 싶은 책이다.

• 엄지혜(〈월간 채널예스〉 편집장, 《태도의 말들》 저자)

일이란 무엇일까? 월급만큼만 일하고 칼퇴하면 잘하는 걸까?
어차피 깨어 있는 시간의 반이 일하는 시간인데, 일에서 보람
과 기쁨을 찾지 못한다면 그 반은 버려지는 셈 아닐까? 반을
포기하고도 과연 온전히 행복할 수 있을까? 일을 잘한다는 건
그래서 중요하다. 출세와 성공을 위해서가 아니라, 일을 통해
더 성장함으로써 내가 더 행복해지기 위해.

　일을 잘한다는 건 무엇일까? 꼰대 같은 상사라고 할지라도
그에게서 어떻게든 인정만 받으면 일을 잘하는 걸까? 영혼 따
위는 출근할 때 집에 고이 두고 나와서, 그저 시키는 대로 해야
하는 걸까? 일이란 그런 건가? 잘하든 못하든 다들 그렇게 하
고 있는 걸까? 아니면, 일하는 자는 모두 거기서 거기라 다 같
은 월급 노예라고 냉소하며 사는 길뿐일까? 나는 30년 동안 카
피라이터로 일해오며 생각했다. 일을 잘하기 위해 내가 해야

할 모든 것은, 삶을 더 잘 살기 위해 내가 해야 할 모든 것과 정확히 일치한다고.

  자기계발이란 무엇일까? 자기계발을 하려는 자의 독서는 서점의 자기계발 코너에 놓인 책들만으로 이루어지는 걸까? 만약 자기 일의 현장에서 어떤 고민 앞에 서 있는 카피라이터가 근무 중 비는 시간에 쉼보르스카의 시집이나 지드의 《지상의 양식》을 읽고 있다면, 그는 딴짓을 하는 것인가? 《어린 왕자》는 《어린 왕자》이고, 다음 회의는 다음 회의인 걸까? 마루야마 겐지와 나의 일은 아무 관련이 없는 걸까? 물론 아무 목적 없는 독서의 중요성을 모르지 않는다. 다만 나는 관점 있는 독서에 대해서도 함께 생각해보고 싶었다. 내가 읽고 있는 책에서 지금 맞닥뜨린 나의 일을 잘해내기 위해 꼭 필요한 시사점을 찾고, 설령 오독이 되더라도 지금 나와 어떻게든 연결시

키려는 주체적인 독서. 그때 모든 책은 자기계발서가 된다. 나는 그렇게 책과 일과 삶을 연결하고 싶다.

예스24의 〈월간 채널예스〉에 1년간 쓴 고정칼럼에다가 같은 결의 글들을 추가했다. 칼럼 연재를 처음 제안해주신 엄지혜 편집장님, 일을 시작하는 단계에 있는 미래의 일잘러들에게 꼭 필요한 글이라며 확신을 주신 유영의 박경순 대표님, 그리고 이제 2년 차 사원이 된 딸 지수와 올해 신입사원이 된 아들 지우, 원고에 밑줄까지 그어가며 매번 카톡으로 꼼꼼한 감상평을 보내준 효지수, 원고를 먼저 읽어주고 조언을 아끼지 않았던 씩씩한 나의 후배들-바위, 종희, 화국, 경재, 유승, 재림, 세연에게 진심으로 고마운 마음을 전한다.

차례

**일을
잘한다는
것**

1

일을
잘한다는
것

신입사원이 된
딸에게

귀중한 우편물, 생명보다 더 귀중한 우편물. 그래. 삼만 명의 연인을 살려줄 테니까. 연인들이여, 조금만 참아라! 석양빛을 헤치고 그대들에게 도착할지니.

- 앙투안 드 생텍쥐페리 지음, 허희정 옮김, 《남방우편기》, 펭귄클래식코리아, 2008

떨어지고 떨어지고 떨어지고 나서 드디어 취업에 성공했구나. 축하한다. 비록 네가 최선으로 목표한 곳은 아니었지만 그건 아무것도 아니라고 나는 진심으로 생각한다. 차선에 최선을 다하는 것이야말로 인생에 대한 마땅한 태도라고 믿기 때문이다. 그냥 너를 위로하기 위해서 하는 말이 아니야. 최선이란 갖고 싶은 미래로서의 명사가 아니라, 바로 지금 내가 있는 곳에서 동사로 쓸 때만 비로소 진짜 의미를 갖는 말이 아닐까 싶어. 그러나 이젠 너도 충분히 어른이니까 고백해도 된다면, 아비인 나도 실은 너와 같은 '과정의 인간'일 뿐이라 일에서도 삶에서도 모르는 것투성이인 데다 천지사방 분간 못 하고 헤매기 일쑤라네. 하아! 일과 삶의 이 한결같은 어리바리함이여.

네가 하는 일은 나와 분야도 다르고 또 내가 일을 시작하던 때와 지금은 완전히 다른 시대라서 축하한다는 말 다음에 내가 하는 이 모든 말은 자칫 사족일 수도 있겠다. 지금이 어느 때냐. '충조평판'이 금기인 시대가 아니냐. 그래서 사뭇 조심스럽구나. 충고도 조언도 평가도 판단도 아닌, 단지 후배가 행복하길 바라는 선배의 당부라 하면 괜찮을까 하는 마음으로 아비의 말을 이어가련다. 며칠 전 퇴근한 네가 회사에서 일 잘하는 선배에게 많이 배우고 있다고 말했을 때 우리가 나눈 대화를 기억하니? 고마운 선배에게 고마움을 느꼈다면 그 고마움을 표현해야 한다고 내가 말하자, 너는 당연히 그렇게 하고 있다고 했지. 일에서 리스펙트할 사람을 만나는 건 아주 큰 행운이며 그 행운에 마땅한 태도는 궁금해하는 것이라고 나는 말했지. 선배가 보기에 지금 내가 잘하고 있냐고, 선배가 보기에 아쉬운 부분이 뭐냐고, 앞으로 선배처럼 일을 잘하려면 지금 내 시점에 필요한 게 뭐라 생각하느냐고 궁금해하고 물어보라고 말이야. 골똘히 생각할 때 너도 모르게 짓게 되는 표정과 눈썹의 각도를 만들며 넌 말했지. "아! 그 생각은 못 해봤네."

딸아, 기억하렴. 너는 실패할 것이다. 좌절할 것이다. 정당한 노력이 무시될 것이며 눈부신 기여는 남의 공로가 될 것이다. 너를 싫어하는 이유를 끝내 알지 못하는 채로 너를 싫어하는 동료들과 일하게 될 것이고, 너로서는 억울한 오해와 억측의 수군거림을 감내해야 할 것이다. 때려치우고 싶은 순간에 직면할 것이며, 누구에게 물어도 답을 들을 수 없는 시간이 예

딸아, 기억하렴. 너는 실패할 것이다. 좌절할 것이다. 정당한 노력이 무시될 것이며 눈부신 기여는 남의 공로가 될 것이다. 너를 싫어하는 이유를 끝내 알지 못하는 채로 너를 싫어하는 동료들과 일하게 될 것이고, 너로서는 억울한 오해와 억측의 수군거림을 감내해야 할 것이다. 때려치우고 싶은 순간에 직면할 것이며, 누구에게 물어도 답을 들을 수 없는 시간이 예고 없이 찾아올 것이다. 그것이 일하는 자의 기본값이다.

고 없이 찾아올 것이다. 그것이 일하는 자의 기본값이다.

우리가 함께 좋아했던 드라마의 대사, 기억하지? 서 있는 자리가 바뀌면 보이는 풍경이 바뀐다는. 그 말의 뒷면은 이런 게 아닐까? 나도 누군가에겐 풍경의 일부일 뿐이다. 때론 그렇게 상황을 이해하고 그에 대처하며 가장 중요한 것에 집중하면서 자신의 성장을 도모해 나아가기를 바란다. 그러면 나쁜 모든 것도 네 일과 인생에 좋은 후일담이 되어줄 거야.

위안부 이슈가 뜨거웠을 때 우리나라 외교부의 고위 관리자가 할머니들을 찾아갔어. 그야말로 외교적 제스처와 미소로 다가가는 그에게 위안부 할머니가 뭐라고 첫 말씀을 하셨는지 알아? "당신 누구예요?" 벌써 여러 해 전의 일이지만 나는 그 장면을 지금도 잊을 수가 없어. 당신 누구냐, 당신은 뭐 하는 사람이냐, 당신은 당신 스스로가 무엇을 하는 사람이라 생각하고 사느냐.

딸아, 나의 말을 기억해주렴. 하는 일이 뭔지 정확히 아는 사람은 해야 할 말이 뭔지도 정확히 아는 법이야. 뒤집어 말하자면, 자기가 하는 일이 뭔지 정확히 알지 못하는 사람은 자기가 해야 할 말이 뭔지 정확히 알 수 없게 되는 것이지. 그것은 정말 중요한 일이야. 할머니의 질문에 그 관리자는 어색하게 웃기만 할 뿐 제대로 대답하지 못했단다. 그 관리자를 만난다면 나는 물어보고 싶어. 당신은 생텍쥐페리의 《남방우편기》를 읽으셨나요? 읽었다면 저 대목의 문장들을 기억하나요? 저 문장들을 당신의 일과 연결해서 생각해본 적이 있으신가요? 물론 《남방우편기》가 일의 의미를 주제로 한 작품은 아니니까 내 물음에 대한 그의 답이 전부 부정이라 한들 이해 못 할 건 아니지.

내가 뭐 하는 사람인지 잘 알고 내가 하는 일을 더 잘하는 사람이 됨으로써 조금이라도 더 좋은 삶을 사는 것이 가능하다고 나는 생각한다. 자기가 무엇을 하는 사람인가 하는 자기 일의 의미 규정이 태도를 만들고 성장의 방향성을 만든다고 생각해.

어쩌면 행복의 디테일을 만드는 시작일 수 있으니까 말이야. 인터넷도 핸드폰도 없던 시절의 우편배달이 삼만 명의 연인을 죽이고 살리는 일이라는 우편배달부의 저 주체적인 자부심을 보렴. 이번 달 이십 며칠에 들어올 월급만을 위해서라면 과연 석양빛을 헤치고 저렇게 뜨겁게 달려갈 수, 아니 날아갈 수 있을까?

나는 내 딸이 함께 일하는 동료들에게 흔쾌한 사람이 되었으면 좋겠어. 일은 함께하는 것이고 완벽한 인간은 없으니까. 흔쾌한 사람은, 먼저 말을 거는 사람이야. 오늘 점심은 파스타가 어떠냐고 먼저 묻는 사람이야. 아침에 출근하면 먼저 눈 마주치며 인사하는 사람이야. 혹여 잘해보려다가 실수를 하거나 일을 그르친 책임이 네게 있다면 장황한 의도 뒤로 숨지 말고 씩씩하게 인정하길 바란다. 그것은 정말 드물고 귀한 태도다. '죄송합니다. 제 잘못입니다'라고 씩씩하게 말하고 쓴 질책을 달게 받아라. 씩씩하다는 건 뻔뻔하다는 것과는 달라. 또 흔쾌한 사람은 회의실에서 좋으면 좋다, 아니면 이러이러해서 아니라고 리액션에 적극적인 사람이며 동료의 장점을 먼저 발견해

주는 사람이야. 동료를 존중하지 않는 사람은 결코 그를 궁금해하지 않으며, 궁금하지 않은 사람에게 자발적으로 뭔가를 묻는 일은 없겠지. 모든 질문에 답을 얻는 건 아니지만 질문하지 않는 자는 어떤 답도 들을 수 없지 않겠니? 제대로 알지 못하면 제대로 실행할 수가 없는데, 그 시작은 질문이고 질문은 존중과 리스펙트에서 비롯되는 거지.

마지막으로 한마디만 더 해도 될까? 일을 하면서 우리가 가진 것 이상을 욕심내지는 말자. 일하는 자의 목표가 스티브 잡스가 되는 건 아니라고 생각해. 그것은 자신을 불행하게 할 뿐이야. 나는 스티브 잡스가 아니며 앞으로도 스티브 잡스가 될 생각은 전혀 없다는 걸 단호히 밝혀두고 싶구나. 우리는 간신히 우리 자신이 되거나 마침내 우리 자신이 될 수 있을 뿐이지. 그러니 매 순간 백 퍼센트 나 자신으로 일하자. 회사나 세상이 알아주면 행운이고, 끝내 알아주지 않는다고 해도 할 수 없는 것이고 말이지. 무엇보다 내가 알면 되는 거지. 그리고 나와 함께 일한 동료 누군가 한 사람은 알겠지. 그러면 됐지, 뭐. 폭풍과 구름을 뚫고 우리는 각자에게 주어진 우편물을 자신의

612호기에 신고 무사히 목적지까지 도착시키면 그뿐. 그곳이 물론 다카르나 툴루즈는 아닐 테지. 쓰고 보니 죄다 나 자신에게 하는 말이구나 싶네.

사랑하는 딸아, 석양빛을 헤치며 너는 어디로 달려가려나. 내일 아침도 아이폰 알람 소리에 화들짝 놀라며 새로운 행성에 느닷없이 도착하기라도 한 듯 눈을 떠 출근 준비를 서두를, 너를 가만히 응원한다.

물어도
대답 없는 너에게

중요한 문제들은 결국 언제나 전 생애로 대답한다네. 결국 모든 것의 끝에 가면, 세상이 끈질기게 던지는 질문에 전 생애로 대답하는 법이네. 너는 누구냐? 너는 진정 무엇을 원했느냐? 너는 진정 무엇을 할 수 있었느냐? 자네는 내 친구였나?

- 산도르 마라이 지음, 김인순 옮김, 《열정》, 솔, 2016

동네 병원에 다녀오는 길이야. 여러 프로젝트가 겹쳤던 지난 한 달이 힘들었나 봐. 감기 몸살이지 뭐. 병원엔 환자 천지더라. 너나 나나 회사원이다 보니 어쩌다 평일에 연차라도 내서 병원에 가보면 환자는 나 혼자일 줄 알았는데 세상에 이렇게 많은 환자가 있으리라곤 꿈에도 몰랐던 듯 새삼 눈이 휘둥그레지곤 하지. 오늘 병원에서도 그런 생각이 들어 혼자 씩 웃고 있었어. 그런데 말이지, 뭔가 이상하더라고. 정신없이 바쁜 간호사들이 이름을 부르는데 아무도 대답을 하지 않는 거야. 혹시 이 병원의 규칙이 새로 만들어져서 어디 눈에 잘 띄는 벽 같은 곳에 붙어 있나 사방을 둘러보기까지 했다니까. 간호사가 이름을 부르더라도 절대 소리 내서 대답하지 마시오, 뭐 그런 안내문이 있나 하고 말이야. 내 이름을 부를 차례가 다가오자 대답을 할까 말까 잠시 망설여질 지경이더군. 물론 "이원홍 님" 하고 내 이름이 불리자마자 그 간호사님을 향해 "네!" 하며 손까지 번쩍 들었지. 진찰실에 다녀오고 수납을 기다리는 동안에도 유심히 지켜봤는데 정말 대부분의 사람들이 대답을 안 하더군. 아마도 내 이름 부르는 걸 내가 알아들었으니 굳이 대답할 필요는 없다고들 생각하는 것 같아. 언뜻 생각하면 합리적인 판단 같기도 해. 간호사들도 실은 대답을 기대하지 않는 눈치기는 했어. 하지만 이름을 부르고 대답을 듣지 못하는 동안 이름을 부른 이의 눈동자는 이름의 주인이 누구인지 빠르고 수고스럽게 찾아야만 했지. 저기 저 움직이는 사람이 화장실을 가느라 일어선 건지, 휴대폰 통화를 하러 밖으로 나가려는 건지, 혹은 기다리다가 그냥 가버리고 없는지 호명에 대한 답을 듣지 못한 이가 어떻게 알겠어?

그 역지사지의 센스가 우리가 함께 일하는 데에도 똑같이 필요하다는 생각이 들어. 그래서일까? 그 생각 끝자락에서 나는 널 떠올리고 있었어. 회의실 밖에선 종달새처럼 쾌활한데 유독 회의실 안에선 돌부처처럼 말이 없는 너.

너는 운전을 참 잘하더라. 운전이야 누구나 하는 거라지만 나처럼 운전석보다 조수석에서 더 유능한 운전자는 운전자의 차이에 예민한 법이거든. 내비게이션이 필요 없을 정도로 길을 잘 아는 것은 말할 것도 없고, 막히는 상황이나 무례하게 끼어드는 차들에 대해서도 너는 짜증 한번 내지 않더군. 뭐니 뭐니 해도 탁월한 드라이버로서의 네 미덕 중 으뜸은 방향 지시등을 언제나 넉넉하게 켜둔다는 점이지. 빤한 좌회전 차선의 맨 앞인데 뭘 그렇게 한참 전에서부터 깜빡이를 켜냐고 싱거운 핀잔을 주었을 때 내게 했던 말 기억해? "이건 내가 좌회전할 거라는 걸 혹시라도 잊어버릴까 봐 켜는 게 아니잖아요. 상대방 차에 알리는 게 목적인데, 나는 상대방이 운전과 이 길에 얼마나 능숙한지 모르니까 최대한 친절한 게 좋죠." 나는 짐짓 키득거리고 말았지만 내심으로는 내가 역시 일 잘할 사람을 뽑았다 싶어 우쭐한 기분이었어. 그 일은 네가 입사한 지 얼마 지나지 않았을 때였고, 나는 너를 입사 면접에서 합격시킨 몇 사람 중 하나였으니 말이야.

어쩌면 문제는 너에게 있는 게 아니라 나를 비롯한 네 선배들에게 있을지 몰라. 서슴없이 자기 생각을 말할 수 있는 분위기를 만들어야 할 책임은 회사와 기존 구성원들에게 있는 거니까. 그건 별도로 점검해볼 문제니 필요하면 따로 얘기하자. 면접에서 그토록 당당하게 의견을 제시하던 너를 기억하는 나로서는, 회의실에서 네 모습이 아쉽고 안타까워. 회의실에서 우리는 다 n분의 1이야. 직책과 직급이 높은 사람은 회의의 결론에 대해 더 많은 책임이 있는 거지, 발언의 지분이 더 많은 건 아니야. 그 회의가 잘못된 방향으로 진행돼서 누군가가 책임지고 회사를 떠나야 한다면, 그건 회의에서 아이디어를 내거나 의견을 개진한 네가 아니라 그걸 승인한 팀장이나 임원의 몫이라는 거야. 그러니 너는 네가 맡은 일 앞에 홀로 서야 해. 오직 그 일의 성과를 위해 네 생각과 의견을 개진하면 되는 거야.

나는 너에게 옆을 보지 말라고 말하고 싶어. 일은 함께하는 거니까 옆을 보면 언제나 다른 이들이 있지. '나 혼자 이 일을 하는 게 아니니까 부장님의 생각과 차장님의 아이디어와 대리님의 의견을 존중하고 따르는 것이 내가 할 일이야.' 옆을 보면 그렇게 생각할 수 있지. 그러면 안 돼. 그건 결코 존중이 아냐. 일 앞에서 똑같은 n분의 1로 홀로 서서 오로지 너의 의견과 아이디어를 가지고 선명하게 부딪치거나 격렬히 반대하거나 뜨겁게 지지하는 것, 그것이야말로 진정한 존중이라고 나는 생각해. 무엇보다 나는 네가 네 일의 주인이었으면 좋겠어. 주인은 어떤 경우에도 구경하지 않거든. 그리고 어떤 일에서든 구경하는 자는 참여해서 행동하는 자보다 언제나 손해라는 걸 기억했으면 해. 설령 잘못된 판단이더라도, 네 생각이 그렇다면 그렇게 말을 해서 무엇이 어떻게 얼마만큼 틀렸는지 정확히 알게 되는 것이 네가 챙겨야 할 네 이익분으로서의 성장이지. 부족하거나 결핍된 부분을 뼈아프게 확인해본 자만이 그걸 채워갈 수 있단다. 그 시작이 대답하는 것이더라. 좌고우면하지 말고 네 앞에 주어진 일에 귀 기울여봐. 일은 이미 숱한 질문을 너에게 던지고 있을 거야. 이 일의 목적은 무엇인가? 이 일의 최대 걸림돌은 무엇인가? 이 일이 성사되려면 어떤 것들이 필요한가? 스스로 고민해서 너의 대답을 준비하렴. 그리고 회의실에서 너의 대답을 모두에게 들려주는 거야. 부장님 아이디어에 왜 반대하는지, 차장님 생각의 어떤 면에 동의하는지, 대리님 의견을 무슨 이유로 지지하는지.

한 가지 더 뼈아픈 진실을 말하자면, 회의에 참석하는 것이 당연한 게 아니라는 거야. 사실 참석자 수가 많아질수록 회의의 효율은 떨어지거든. 의미 있는 발언을 하지 않을 참석자는 배제하는 것이 효율적이라는 얘기지. 한 번쯤 생각해봐. 지금 너에게 주어진 일을 네가 최초로 배정한다면 과연 회의실로 누구누구를 부를 것인가를. 너는 너를 부를까? 회의실에서 너에게 n분의 1만큼 기대되는 대답에 네가 침묵하거나 수동적이거나 소극적일수록 너는 일에서 자신의 입지를 좁히는 거야. 일에서의 성장이란 게 무엇이겠어. 경험을 쌓아가면서 자기가 할 수 있는 영역을 넓혀가는 것이 아닐까?

우리는 너나 할 것 없이 자기 자신에게 관대하여 스스로 합리화하기 일쑤지. 나보다 실력도 있고 경력도 오랜 선배들이 알아서 잘하시겠지 하는 마음에 얌전히 침묵하는 걸 겸손이라고 오해해선 안 돼. 그건 마치 내 이름을 부르는 간호사의 시선에 대답 없이 엉거주춤 일어서는 것과 같아. 좌회전 차선에서 좌회전 방향 지시등 없이 은근슬쩍 좌회전하는 것과 같아. 회의실의 선배들에게 대답 없는 너는 어떤 존재일지 생각해본 적 있어? 겸손해서 더 믿음이 가는 후배? 그럴까, 과연? 너의 대답이 너라는 존재를 또렷하게 인식시켜줄 거야. 함께 일을 도모해가는 동료로서 너의 존재. 그렇게 하나하나 대답을 쌓아가다 보면 언젠가 네가 일해온 커리어 전부가 너의 대답이 되는 날도 오겠지. 너는 누구냐에 대해, 너는 진정 무엇을 원했고 무엇을 할 수 있었느냐에 대해, 무엇보다 너는 나의 동료인가에 대해 굳이 대답하지 않더라도 네가 일해온 경력이 신뢰할 만한 대답이 되어주는 그런 날.

지금은 지금의 일만 생각하자. 지금 우리 앞의 일이 우리에게 던지는 질문에 온 마음으로 대답하기. 그리고 회의실에서 n분의 1만큼 서로에게 기대하며 던지는 질문들에 복잡하게 생각하지 말고 선명하게 대답하기. 누가 내 이름을 부르면 '내가 알아들었으니 됐지'가 아니라 씩씩하고 흔쾌하게 대답해주면 어떨까? 당신이 이름 부른 내가 여기 있다고, 당신의 부름을 기다렸다고, 나는 준비가 되어 있다고, 그게 뭐든 함께 해보자고 네가 눈을 반짝이며 마주쳐주면 좋겠어. 좌회전 차선의 맨 앞에서 건너편 누구라도 네 차가 좌측으로 주행할 거라는 걸 또렷하게 알 수 있도록 한참 전부터 방향 지시등을 켜두는 딱 그 마음이면 충분할 거야. 자, 이제 우리 회의실로 들어가 볼까?

어제는
어젯밤에 끝났다는 너에게

그러나 그대가 마주칠 수 있는 최악의 적은 언제나 그대 자신이다. 그대 자신이 그대를
기다리며 동굴과 숲에서 잠복하고 있는 것이다.

- 니체 지음, 장희창 옮김, 《차라투스트라는 이렇게 말했다》, 민음사, 2004

우선, 고맙다. 어제는 어젯밤에 끝났다, 라는 멋진 표현을 너를 통해 알게 됐으니 말이다. 너와 만난 나의 어제도 당연히 어젯밤에 끝났지만 나는 어쩐지 궁금해져서 이리저리 찾아보았다. 그렇다면 나의 어제는 어젯밤에 끝나지 않은 셈인가, 뭐 그런 싱거운 생각을 하기도 했지. 노먼 빈센트 필이라는 미국의 작가이자 성직자의 문장이더구나.

어제는 어젯밤에 끝났다. 오늘은 새로운 시작이다. 과거를 잊는 기술을 배워라. 그리고 앞으로 나아가라.

아무렴, 그렇지, 그렇고말고. 아쉽고 미진한 어제를 잊지 못하고 과거에만 사로잡혀 있다면 한 발짝도 전진할 수가 없으니까. 단호한 망각이야말로 인간의 지혜이자 성장과 발전의 전제인 것은 실로 진실이라 할 만하다. 하지만 진실이란 때로 상반된 두 얼굴을 한 채 마주치게 되기도 하지. 축구의 예를 들어 생각해볼까? 정해진 시간 안에 동료들과 함께 싸워서 성과를 내야 한다는 점에서 축구와 일은 닮았으니까 말이야. 우리 팀이 지난 경기의 실수와 패배에 집착해서 의기소침해지지 말고 새롭게 플레이하는 게 중요하다는 해설에 고개를 끄덕이게 되는 경우가 있지. 그게 바로 노먼 필 선생의 관점이야. 그런데 말이야, 우리는 또 이런 얘기에도 격렬하게 공감하곤 하지 않니? 오늘의 경기를 제대로 복기해서 똑같은 실책을 범하지 않기 위해 준비해야 한다. 그게 내가 너와 얘기 나누고 싶은 또 하나의 진실이야. 공자가 말씀하신 '불이과(不二過)', 즉 같은 잘못을 두 번 하지 말라.

인간이 로봇도 아니고, 또 모든 중생이 부처나 공자 같은 위대한 성인일 수야 없지. 말하자면 같은 잘못을 두 번이 뭐야, 골백번도 더 하고 사는 것이 인간사 아니겠니? 햄버거나 짜장면을 먹으면 아무리 조심해도 셔츠에 반드시 흔적을 남긴다든가, 우산을 들고 나간 날은 꼭 우산 없이 귀가한다든가. 그런 성격과 생활의 면모에서 강박을 갖자는 게 아니고 이것은 일에 관한 얘기야.

우리는 흔히 말하지. 일이 잘됐다거나 혹은 반대로 일이 잘 안됐다고. 하지만 말이 그렇다는 거지, 일이 그런 건 아니라고 생각해. 일이 알아서 잘되는 경우란 없거든. 일이 잘됐다면 예측한 변수를 대비하고 필요한 준비를 꼼꼼하게 했기 때문에 그렇게 된 거란 말이야. 일의 성사를 오직 우연과 행운에만 의존한다면 한두 번이야 어쩌다 얻어걸릴 수 있어도 실은 언제나 불안할 수밖에 없지. '어떻게 되겠지'라는 태도로는 어떻게도 일이 되게 만들 수 없는 거라고 생각해. 그래서 어제 끝난 일을 깡그리 잊고 새 마음으로 새로운 프로젝트에 임하는 것이 최선이냐에 나는 회의적인 거야. 일이 성공적이었다면 반드시 그렇게 된 원인이 있고, 일의 결과가 좋지 않았다면 그 또한 반드시 나와 우리 안에 이유가 있다고 생각해.

끝난 일의 복기가 학창 시절 오답노트와 다른 점은 뭘까? 결과가 좋지 않은 일이라고 해서 모조리 나쁜 것만 있는 건 아니라는 점이지. 오답노트엔 오답만 쓰지만 일의 복기엔 장점과 강점도 들어 있어야 한다는 것. 안 좋은 것 속에도 좋은 게 있는 거니까. 결과는 나빴다고 해도 그 과정에 있었던 좋은 것들에 대한 확신은 흔들리지 말고 가져가야지. 일의 성과는 조직의 문제지만 일을 통해 성장하는가 아닌가는 내 문제라고. 내가 어떤 사람이냐, 어제의 나보다 무엇이 어떻게 발전한 사람이냐, 나는 얼마만큼을 감당할 수 있는 능력의 사람이냐. 일하는 나에게 이보다 중요한 이슈가 또 있을까?

그러니까 일을 잘하기 위해서 복기는 습관이어야 해. 누가 시켜서 억지로 하는 건 아무 의미가 없지. 그게 무엇이든 간에 뭔가를 꾸준히 좋은 습관으로 유지한다는 건 위대한 일이야. 아리스토텔레스는 이미 2천 년 전에 습관을 주어로 하여 이렇게 말씀하셨지. "나는 모든 성공한 사람들의 하인이고 모든 실패한 사람들의 주인이다. 사람들을 인생에서 성공하게 만든 것도 실패하게 만든 것도 다 내가 한 일이다." 좋아 보여서 한두 번 시도하는 건 누구나 하지. 하지만 꾸준히 계속한다는 건 완전히 차원이 다른 거야. 조병화 선생의 시 '천적'을 떠올려보자.

결국, 나의 천적은 나였던 거다.

단 한 줄이지만, 아니 단 한 줄이어서 더 예리한 칼날 같지 않아? 우리는 대부분 지금까지 쭉 살아왔던 나를 나라고 믿으

"결국, 나의 천적은 나였던 거다." 단 한 줄이지만, 아니 단 한 줄이어서 더 예리한 칼날 같지 않아? 우리는 대부분 지금까지 쭉 살아왔던 나를 나라고 믿으며 살지. 어떤 위대한 자들은 지금까지의 나를 단호히 부정하고, 치열하게 싸워서, 마침내 넘어서는 것임을 잊지 말자.

며 살지. 어떤 위대한 자들은 지금까지의 나를 단호히 부정하고, 치열하게 싸워서, 마침내 넘어서는 것임을 잊지 말자. 위대하다는 표현은 호들갑스러운 과장이 결코 아니라고 생각해.

위대한 이들이 꼭 멀리 위인전 같은 데에 박제돼 있지도 않아. 최근 나는 내 곁의 후배에게서 그 위대함을 봤거든. 그 친구 별명이 오대수야. 오대수는 영화 〈올드 보이〉의 오대수 같은 파마머리에 몸무게가 백 킬로그램이 넘었는데 불과 반년 남짓 만에 삼십 킬로그램을 빼고 아주 다른 사람이 된 거야. 뭔일이 있었던 거냐 물었지. 오대수의 답은 뜻밖에 진지했어. 선배의 프레젠테이션을 보면서 저렇게 되어야겠다는 생각이 들어서 매번 몰래 녹음을 했다고. 듣고 또 들으며 공부로 삼았는데 어느 순간 프레젠터로서의 자기 모습에도 문제의식이 들었다고. 그때부터 하루 한 끼만 먹으며 매일 운동을 시작했다고. 그걸 매일, 6개월이 넘도록, 하루도 어김없이 지금까지 계속해온 거지. 가볍게 물어봤다가 나는 감동했다. 오대수는 알았던 거야. 그의 천적이 그 자신이라는 걸. 일상의 동굴과 일의 숲에서 잠복해 있다가 매일 매일 마주쳐야 했던 최악의 적은 다른 누구도 아닌 오대수 자신이었다는 걸. 니체가 전한 차라투스트라의 말은 책 속에 죽어 있는 먼 옛날의 글자가 아니라는 걸 말이지.

우리가 하는 일마다 늘 최고의 성과를 거둘 수야 없어. 하지만 그게 중요한가? 일을 경험한다고 해서 저절로 성장하는 것도 아니지. 주변을 돌아봐. 경험은 많아도 그 경험만큼 지혜롭다고는 도저히 말할 수 없는 사람들을 찾기란 그리 어렵지 않을 거야. 하나의 일을 경험하는 건 한 권의 책을 읽는 것과도 같아. 책을 읽었다는 사실 자체가 무슨 의미가 있겠나. 그 책을 읽고 자기 삶과 사고에서 무엇이 달라졌는가, 그것이 중요하지. 서점에 갔을 때 자기계발이라는 코너에서 이런 생각을 한 적이 있어. 자기계발책이 따로 있다는 건 난센스 아닐까? 소설이, 시가, 철학과 역사서가, 종교와 마케팅의 어떤 책들이 나를 깨우치고 새로운 나로 나아가게 했다면 그게 자기계발 아니겠나.

나는 일을 통해 성장을 도모하는 건 분명 가능하다고 믿어.

단, 성장을 만드는 건 일 자체가 아니라 주체적인 복기야. 일의 경험이라는 사실이 아니라 복기를 통한 해석이 성장을 만드는 거지. 무슨 일이 어떻게 벌어질지는 우리가 신이 아닌데 어떻게 다 알겠나. 하지만 일어난 일을 어떻게 해석할지는 전적으로 나에게 달린 거지. 지나간 일에서 무엇을 견지하고 무엇을 반성하며 어떤 점을 극복할 문제로 보고 나를 바꿔나가느냐에 따라 앞으로 주어질 일에 대한 나의 대처가 완전히 달라질 수 있다는 것, 난 그게 중요하다고 생각해. 일을 더 잘하려고 노력하는 것은 단순히 돈 때문이 아니야. 내가 나를 보는 관점의 문제지. 지금의 나를 완료된 존재로 보는 게 아니라 '불이과'의 인간을 향한 끝없는 도전을 포기하지 않음으로써 더 나은 사람으로 자신을 진전시켜가는 것, 그게 지금 이 순간 일의 태도여야 한다고 나는 믿는다.

자기를 뽑은 이유가
궁금하다는 너에게

착하지 않아도 돼.
참회하며 드넓은 사막을
무릎으로 건너지 않아도 돼.
그저 너의 몸이라는 여린 동물이
사랑하는 걸 사랑하게 하면 돼.

— 메리 올리버 지음, 민승남 옮김, 《기러기》, 〈기러기〉 중 일부, 마음산책, 2021

밥에 대한 태도엔 두 가지가 있지 싶다. 어떤 비유적 의미도 없이 식사로서의 밥 말인데, 일단 심드렁한 파가 있다. 그들은 생각한다. 인간은 왜 꼭 하루에 세 번이나 밥을 먹어야 하는가? 할 수만 있다면 SF소설이나 영화에서처럼 알약 하나로 대체하고 싶다고. 일이 무척 바쁘거나 아이디어 회의 분위기가 한껏 달아오른 시점에 밥 때가 되기라도 하면 누구라도 난감하기는 하다. 그러니 한 끼 굶는다고 무슨 큰일이 나는 것도 아닌데 하며 밥 챙겨 먹는 것에 심드렁한 심정을 이해는 한다.

그 반대편에는 밥에 진심인 파가 있다. 짐작하겠지만 나는 이쪽이다. 아무리 일이 급해도 밥 먹고 하자는 쪽, 이 분위기와 이 멤버라면 뭐 먹는 게 좋을까 하는 고민이 즐거운 쪽, 함께 밥을 먹으며 긴장된 회의의 흐름을 끊고 싱거운 농담으로 정신을 이완시키는 게 일과 관계에도 도움이 된다고 믿는 쪽이다. 그런데 코로나가 덮쳤다. 적어도 코로나 시절이라면 심드렁 파가 이겼다고 해야겠다. 함께 밥을 먹으러 가서 그야말로 밥만 먹는다면 함께 밥을 먹는 게 도대체 무슨 소용이 있겠는가 말이다. 우리가 함께 밥을 먹으며 대화를 해선 안 된다는 것 또한 코로나가 가져온 크고 작은 비극적 변화 가운데 일부 겠지.

　그날 점심도 마스크를 쓴 채 구내식당으로 내려가고 있었다. 내 옆에 신입 카피라이터인 네가 나란히 걷고 있었지. 마스크 위로도 알 수 있을 만큼 얼굴 가득 화색을 띤 채 넌 말했어. "오늘 특식이래요." 무슨 날도 아닌데 그럴 리 없을 거라 했더니 넌 단호하게 말했어. 사내 게시판에서 점심 메뉴를 봤는데 소갈비였다고. 줄은 이내 줄었고 우리는 메뉴를 확인하게 되었지. 고갈비였다. 나는 삐져나오는 웃음을 애써 참으며 '아! 어쩌면 이 세대는 고갈비를 모를 수 있겠구나' 생각했다. "고갈비가 고등어인 줄 몰랐나 봐?"라고 했더니 너는 실망한 듯 힘 빠진 목소리로 혼잣말을 했다. "갈비인 줄 알았는데…." 근데 웬걸. 그날 점심 맛있지 않았니? 고갈비는 물론이고 같이 나온 소고기대파해장국과 포기김치도 시원했고 '특식'답게 잡채도 식판 한쪽에 떡하니 자리 잡은 데다가 후식은 또 식혜였잖아. 구내식당을 나오며 내가 마스크를 다시 쓰면서 팀원들 모두에게 했던 말 기억나니? "H가 특식이라 해서 그런지 다 맛있었

네, 그렇지?" 생각해보면 고갈비라는 이름 재밌지 않니? 고등어 등뼈를 갈비처럼 여기고 갈비 먹었다며 우기는 허세와 과장, 그러나 다른 누구에게도 피해를 주지 않는 자기 위안의 네이밍. 크고 작은 우리 일들이 어쩌면 다 고갈비 같은 건지도 모른다고 나는 생각하게 되었다. 네 덕분에 말이다.

 고갈비를 소갈비로 착각한 게 쑥스러웠던지 식당을 나오며 네가 불쑥 물었지. 자기를 뽑은 이유가 뭔지 궁금하다고. 잊고 있던 부끄러운 기억 하나가 떠올랐단다. 역시 네 질문 덕분에 말이야. 제일기획 전에 나는 다른 광고회사 카피라이터 입사에 실패한 적이 있거든. 필기시험과 실무 면접 등을 다 거치고 마지막 면접을 보고 나오면서, 나는 내가 될 줄 알았어. 내게 주어진 질문은 주량이 어떻게 되는지, 딱 그거 하나였거든. 근데 떨어진 거야. 나는 생각했어. 이건 뭔가 잘못된 결정이다. 말하자면 채용 비리 같은 거라고. 누군가를 합격시키기 위해 당연히 붙었어야 할 내가 희생되었을 거라고 말이지. 시간이 흘러 내가 사람을 뽑게 되면서 문득 깨달았어. 그때 내가 떨어진 건 그런 음모론 탓이 아니었겠구나. 과정을 거치면서 우선순위가 생겨났을 것이고, 그 우선순위를 뒤집을 기회가 마지막 면접에서 내게 주어지지 않았던 거구나. 설령 그런 기회가 주어졌다고 해도 그때의 나에게 뒤집을 능력이 과연 있었을까? 세 명을 뽑고자 했는데 충분히 좋은 세 명의 후보와 내가 마지막 면접 대상이었다면 그 세 명보다 나를 더 중요하게 검증해야 할 이유 같은 건 없는 거지. 진실이야 지금도 몰라. 하지만 내가 만일 떨어진 이유를 묻는다면 그건 잘못된 질문이라고 생각해. 입사 과정과 채용이라는 결정에는 내가 짐작하거나 통제할 수 없는 많은 변수와 맥락이 존재해. 거기에다 우연과 운 또한 더해진다고. 왜 나를 뽑았는지 왜 나를 떨어뜨렸는지 같은 것에 집중하지 말라고 말해주고 싶다.

그냥 거기서 시작하는 거니까. 거기란 어디냐? 0의 자리다. 무엇을 시작하느냐? 1이 되는 여정을. 그러니까 물어야 할 질문은 이거다. 0은 어떻게 1이 되는가? 무엇을 어떻게 해야 0인 내가 1이 되는가? 1이 되기 위해 0인 내가 지금 할 일은 무엇인가? 그러니 내가 어떻게 0으로서 시작할 수 있게 되었을까 같은 건 집어치우란 말이다. 그런 게 별달리 있지도 않아. 당연히 나를 뽑아야지 나 말고 누구를 뽑겠는가, 그렇게 생각하면 그뿐인 거야.

　너를 뽑은 이유를 궁금해하는 건 회사의 관점이 궁금하다는 건데, 그건 세상이 너를 어떻게 판단하는지 알고 싶은 거지. 0이 어떻게 해야 1이 되는 거냐고 묻는다면 나는 그 첫 번째로 자신감을 말하겠다. 자신을 믿는 것이야말로 시작하는 자가 가장 먼저 챙겨야 할 무기다. 회사의 인재상에 너를 맞추지 마라. 그것은 너의 존재 의미를 스스로 낮추는 일이다. 너는 이미 회사다. 네가 바로 회사의 일부란 말이다. 이제부터 회사가 원하는 인재상이 너로 인해 바뀔 수도 있는 거지. 더 착한 사람이 되는 게 아니라 너다움을 잃지 않고 성장해가는 것, 그것이 바로 너의 1로 가는 길이다. 너 자신이 사랑하는 걸 계속 사랑하게 하는 건 그래서 더더욱 중요하다고 생각해.

　자신을 믿는 자신감에는 착각의 힘 또한 포함된다는 걸 잊지 않았으면 좋겠다. 앞으로 닥쳐올 여러 일 중엔 결국 네가 해낼 수 없는 일도 있을 거야. 결과적으로 말이지. 하지만 할 수 있을지 없을지, 해보기 전엔 결코 알 수 없어. 분명한 건, 할 수 있다고 믿는 자만이 할 수 있다는 거다. 설령 그 믿음 속에 착각이 포함되어 있다고 해도 달라지지 않아. 고등어 등뼈를 갈비인 듯 맛있게 뜯는 게 허세면 어떻고 과장이면 또 어떠랴. 누구에게도 피해를 주지 않는 착각이라고 해도 좋은 거 아니겠니? 굳세게 자신을 믿으며 맛있게 성장해가는 것에 집중할 일이다.

이 책이 나올 때쯤이면 코로나 상황은 또 어떻게 되어 있을까? 식사 중에 대화를 하지 말라는 구내식당의 안내방송은 여전하려나? 너는 또 얼마만큼 성장해 있을까? 우리 함께 변화를 믿고 미래를 낙관하기로 하자. 나도 너를 믿는다. 마스크 없이 환하게 웃으며 어느 날 너는 내게 묻겠지. 훌쩍 자란 자기 모습이 내심 흐뭇할 그때 너의 또 다른 질문은 무엇일까? 그 기대로 내 마음은 벌써부터 환해지고 있다.

팀장이 된
너에게

種花愁未發(종화수미발)

花發又愁落(화발우수락)

開落摠愁人(개락총수인)

未識種花樂(미식종화락)

꽃을 심으면 안 필까봐 걱정하고

꽃이 피면 또 질 것을 걱정하네

피는 것도 지는 것도 다 걱정이니

꽃을 심는 즐거움을 아직 알지 못하네

-고려 때 문인 이규보의 한시, 이원홍 옮김

꽃 피는 봄이 오면 이 시가 생각난다고 하더라. 더불어 어느 봄 술자리에서 이 시를 알게 해준 내가 생각난다고. 목련이 하얗게 필 무렵 먼 나라에 사는 선배가 메시지를 전해왔다. 고려 사람 이규보의 저 한시를 오래전부터 좋아했다. 너도 잘 알 듯 시란 읽는 이에 따라 다양하게 해석할 수 있잖아. 이규보의 시에서도 꽃은 저 목련꽃이기도 하고, 내 밥벌이로서 다음 주까지 결과를 내야 할 일이기도 하며, 누군가에겐 필생의 도전일 수도 있을 거야. 말 그대로 꽃을 심으면서 또는 새로운 프로젝트를 시작하거나 새로운 회사에 출근할 때 인간은 마음 깊은 곳에서 실은 걱정을 하지. 꽃이 지는 것을 지레 걱정하고, 프로젝트가 실패할 것을 걱정하고, 회사에서 잘릴 것을 걱정하잖아. 어쩌면 이제 막 팀장이 된 너도 팀장으로서의 능력을 인정받지 못할 것을 걱정하고 있으려나 생각해보지만, 그것은 내가 알 수 없는 일이다.

누가 팀장이 되는 걸까? 아직 팀장이 아닌 사람 중에서 팀장에게 기대되는 역할과 책임을 감당할 수 있을 것으로 판단되는 사람이 팀장이 되는 거야. 아직 팀장이 아닌데 팀장의 역할과 책임을 맡겨도 괜찮겠다는 걸 어떻게 알지? 아직 팀장이 아닌데도 팀장의 역할과 책임 일부를 스스로 기꺼이 수행하고 있는 자, 말하자면 너 같은 사람이 팀장이 되는 거야. 축하의 마음을 따로 전하고 싶어서 모두가 출근하기 전인 이른 아침에 이렇게 카드를 써서 네 책상 위에 올려두었더랬지.

자기가 일 다 해놓고도 그 공을 갖지 않는 사람.

앞으로 싸울 일 진짜 많아질 텐데

영리하게 싸워서 양쪽 다 위너가 되게 하는 사람.

그게 팀장이다.

진짜 어른의 세계에 온 걸 환영한다.

팀장으로서 일을 잘 해나가기 위해 조언을 달라는 너에게 딱 한 글자를 준다면 나는 '척'을 주겠다. 잘난 척, 아는 척, 있는 척… 흔히들 말할 때의 그 '척' 맞아. 나는 네가 '척'을 잘하는 팀장이 되면 좋겠다. 그렇다면 왜 '척'일까?

일하다 보면 난관에 봉착하는 순간이 올 거야. 어떻게 해야 할지 막막하고 무엇을 해야 할지 깜깜해서 머릿속이 하얘지는 상황 말이다. 네가 존경하는 일 잘하는 선배나 그 일에서 떠올릴 이유가 있는 구체적인 누군가를 떠올려라. 맞아, 그 사람인 척하라는 거다. 네가 감탄하며 일을 배운 아무개 선배라면 이럴 때 어떻게 풀어갔을까 생각하며 아무개 선배인 척하라는 거다. 경쟁 프레젠테이션을 준비하는 다른 광고회사의 팀장이라면 지금 이 상황에서 무엇을 중요하게 볼까 생각하며 다른 광고회사 팀장인 척하라는 거지. 황당하게 들릴지 모르지만 나는 상황에 따라선 역사적 인물이나 유명인사인 척하는 것도 좋다고 생각해. 이순신인 척, 스필버그인 척, 윤여정 선생인 척…. 그래서 그 난관의 구체적 돌파구를 척의 입장에서 척이 되어 찾아보라는 것. 척하라. 진짜 그렇게 될 테니까.

나는 이따금 생각해. 지금 이 일도 추억이 될까? 이제 팀장이 되어 리더로서 팀원들과 일을 도모해갈 너는 어떻게 생각하는지 궁금하구나. 일은 일일 뿐이니 더도 말고 덜도 말고 월급 받는 만큼만 능력을 쓰는 곳이 직장이라고 생각한다면, 추억이란 도무지 일과는 어울리지 않는 얼토당토않은 말이겠지.

팀장으로서 일을 하며 호들갑스럽게 걱정하는 자들을 숱하게 만나게 될 것이다. 그들은 걱정하는 것을 일하는 것으로 착각하는 헛똑똑이요, 남의 일처럼 훈수를 두는 무책임한 방관자다. 일은 방관자가 아니라 당사자가 하는 것이다. 대부분의 걱정은 호들갑일 뿐, 일의 진전에 도움이 될 리 없다. 그들과 싸워서 영리하게 이겨라. 온갖 진지한 표정으로 네 앞에 나서겠지만 잊지 마라. 걱정은 쉬운 것이요, 즐거움을 아는 건 어려운 것이다. 어려운 걸 쉽게 하는 사람을 두고 우리는 잘한다고 하는 거다, 그게 뭐든. 너에게 건투를 빈다.

사랑과 우정의 영역에서나 소중하게 남는 정서적 기억이 추억일 테니 말이다. 나는 너에게 팀장으로서 일의 과정을 관리하라고 말하고 싶다. 일도 삶도 결과보다 과정이다. 프로세스 단계마다 해야 할 일을 분명히 하고 거기에 온통 집중해야 해. 일이란 잘될 수도 있고 안 될 수도 있지. 하지만 결과를 향한 최선의 과정은 모두의 기억에 선명하게 남아서 결과의 성패와 상관없이 추억이 되기도 하거든. 물론 내게도 있지. 아니, 많지. 역대급 무더위에 러닝셔츠만 입고 에어컨도 없던 을지로 삼성빌딩 5층에서 무슨 프로젝트 때문이었는지도 기억이 안 나지만 시간 가는 줄 몰랐던 1994년 여름의 밤들. 이면지를 한 보따리 싸 들고 경쟁 피티를 준비하던 여관 작업들. 아이디어가 막혀 불 끄고 잠이나 자려다가 이런 거 어떨까 한마디를 시작으로 아이디어의 티키타카가 이어지고 급기야 누가 먼저랄 것도 없이 잊기 전에 정리해놓으려고 벌떡 일어나 불을 켜던 새벽들. 과정의 매순간 서로를 믿고 함께 최선을 다할 때, 일도 추억이 된다. 그렇게 일의 추억이 켜켜이 쌓인 어느 순간, 문득 돌아보면 부쩍 성장했다는 사실을 뿌듯하게 확인할 수 있을 거야. 과정의 최선은 분명 자취를 남기게 되는데 그 이름이 성장이라는 거지.

　누군들 나쁜 리더가 되고 싶을까. 수평적 소통 없이 일방 통행으로 지시만 하는 권위적인 리더가 나쁜 거야 두말할 필요 없겠지. 하지만 사실 권위적인 리더가 되지 않는 건 쉬운 일이야. 보통 수준의 교양과 자기 성찰 능력만 있어도 가능한 거지. 꼰대 같은 권위적 리더의 반대편 유형에 대해 생각해본 적이 있는지 궁금하구나. 팀원들의 울타리가 되어주겠다는 선한 의지에 좋은 사람이고 싶다는 착한 욕망이 결합한 나머지 그저 감싸주는 게 응원인 줄 착각하는 리더, 리더의 역할이 우쭈쭈인 줄 아는 팀장 말이야. 대부분 칭찬에 인색해서 그렇지 칭찬은 쉬운 일이야. 막연한 칭찬은 독이 되기도 하지. 때론 구체적 지적과 쓴소리가 오히려 약이다. 문제는 설득력이지. 팀원 개개인의 역량과 성과를 구체적으로 지적하고 설득력 있는 쓴소리를 하려면 각자의 강점과 약점이 무엇인지, 또 그의 경험과 직급 수준에 맞는 역할이 무엇인지를 제대로 인식해야 해. 무엇보다 성장을 위해 유쾌할 리 없는 쓴소리를 받아들이려면 팀장, 즉 너의 리더십에 대한 리스펙트와 평소 관계에서의 소통이 필수조건이야. 이건 어려운 일이지.

　리더란 어떤 사람이냐고 내게 묻는다면, 판단하는 사람이라고 답하겠다. 좋은 리더란 좋은 판단을 하는 자다. 무엇을 판단한다는 말인가? 현재 나와 우리가 준비하는 일이 어떤 의사결정을 거쳐 어떤 환경에서 어떤 위협을 지나 무슨 의미로 실현 또는 무산될 것인가에 대한 판단. 좋은 판단을 하려면 당면한 일의 배경과 의미를, 목표를, 위험과 기회를 자기 언어로 설득력 있게 설명할 수 있어야 한다. 그러니 더 많이 공부해라. 지식의 효용을 과소평가하지 마라. 창의적 발상이 중요한 광고 크리에이티브에서도 지식은 의외로 중요하다. 의지와 태도는 중요한 것이지만, 백지를 오래 노려본다고 해서 좋은 아이디어가 나오는 건 아니다. 직접적 경험 또한 물론 중요한 것이지만 개인이 세상 모든 것을 경험할 수는 없을뿐더러 개인적 경험의 객관화란 것이 경험의 유무에 따라 되고 안 되고 하는 게 아니기 때문이다. 부디 책을 읽는 것에 탐욕스럽기를 당부하고 싶다. 아무리 봐도 책이 가장 빠르더라.

팀장으로서 일을 하며 호들갑스럽게 걱정하는 자들을 숱하게 만나게 될 것이다. 그들은 걱정하는 것을 일하는 것으로 착각하는 헛똑똑이요, 남의 일처럼 훈수를 두는 무책임한 방관자다. 일은 방관자가 아니라 당사자가 하는 것이다. 대부분의 걱정은 호들갑일 뿐, 일의 진전에 도움이 될 리 없다. 그들과 싸워서 영리하게 이겨라. 온갖 진지한 표정으로 네 앞에 나서겠지만 잊지 마라. 걱정은 쉬운 것이요, 즐거움을 아는 건 어려운 것이다. 어려운 걸 쉽게 하는 사람을 두고 우리는 잘한다고 하는 거다, 그게 뭐든. 너에게 건투를 빈다.

왜 꼭 성장해야 하냐고
묻던 너에게

나는 감히 말하고 싶다. 이 세상에서 최악의 경우에 처했을 때도 인간의 생존을 가장 효과적으로 도와주는 것은 무엇보다도, 각 개인의 인생에 의의가 있다는 자각인 것이다.

— 빅터 프랭클 지음, 김재현 옮김, 《인간이란 무엇인가》, 서문당, 1996

해준이 품위 있는 남자라서 서래는 좋았다. 그런 서래에게 해준이 묻는다. 품위가 어디서 나오는지 아느냐고. 이어서 그는 스스로 답을 한다. 품위는 자부심에서 나온다고. 형사라는 자기 직업에 대한 자부심을 잃는 순간, 마침내 그는 붕괴한다. 영화 〈헤어질 결심〉이다.

나는 그 대목에서 크게 공감했다. 해준의 직업은 형사이고 우리 직업은 카피라이터인데 형사와 카피라이터 말고도 세상에는 수많은 직업이 있다. 형사라고 해서 다 영화 속 해준 같은 형사가 아닌 것처럼, 카피라이터라고 해서 다 같은 카피라이터가 아니다. 같은 직업을 가지고 같은 회사에 다니며 심지어 같이 입사해서 같은 팀의 동료로 일한다고 해도, 자기 일을 바라보는 관점은 저마다 다를 테니 말이다. 물론 그것은 옳고 그름의 문제가 아니고, 뭐가 더 낫다 못하다 할 것도 아니다. 다만 한 인간이 예외 없이 딱 한 번 사는 인생에서 자기 밥을 버는 일을 스스로 어떻게 생각하느냐는 중요하지 않을 수 없다고, 나는 생각한다.

워라밸에서 워크는 라이프를 위한 방편일 뿐이라 일의 양과 시간이 적으면 적을수록 좋고, 일해야 하는 기간이 짧으면 짧을수록 좋다는 생각도 이해는 하고 공감하는 바가 없지 않다. 그것은 오로지 일만 죽어라 하다가 진짜 죽기도 하는 이 끔찍한 피로사회를 향한 지극히 마땅한 분노이며, 저녁이라곤 없는 삶에 대한 현명한 반론일 것이다. 라이프 없는 워크란 결국 개인을 하나의 부품처럼 사회적 자원으로만 바라보는 관점이다. 우리 중 일만 하기 위해 태어난 사람이 어디 있으랴. 그것이 바로 일하는 기계가 되는 것에 결코 동의할 수 없는 이유다. 일의 속박과 관계에서 벗어나 시대를 사는 한 인간으로서 라이프를 씹고 뜯고 맛보고 즐기는 건 참으로 좋은 것이다.

하지만 나는 워라밸에서 워도 말고 라도 말고 밸에 방점을 찍고 싶다. 워크보다 라이프가 중한 것은 맞지만, 만일 워크가 적으면 적을수록 좋고 짧으면 짧을수록 좋은 것이기만 하다면 해야 할 워크가 처음부터 아예 없는 것이야말로 최선이 아니겠는가. 설마 동의하는 건 아니지? 그래서 금수저가 부러운 건 아니지? 만일 그렇다면 우리는 타고난 금수저와 건물주와 로또 당첨자의 저 뒤에 한 줄로 서서 다다를 수 없는 그들의 삶을 오로지 부러워만 하는 것으로 각자 생을 마감하게 될 것이다. 나는 그렇게 살고 싶지 않다. 아무리 작게 잡아도 워크의 물리적 비중이 라이프의 반은 될 텐데, 삶의 반을 없으면 더 좋았을 것으로 한탄하면서 내가 가진 열정과 재능을 최소한으로만 투여하여 오늘 치 주어진 미션을 클리어하듯 치워버리는 것으로 진정 행복할 수 있을까? 오히려 그 반대쪽에, 말하자면 일을 통해 삶의 행복으로 가는 길이 있는 게 아닐까? 완전 연소를 통해 성장의 기쁨을 누리는 일과 삶.

언젠가 네가 물었지. 왜 꼭 성장해야 하느냐고. 이것이 나의 대답이다. 니체로부터 시작돼서 아우슈비츠의 빅터 프랭클 또한 강조하는 얘기. 존재의 이유를 아는 자는 어떤 것도 견딜 수 있다는 말을 나는 나의 직업적 자부심에도 연결해서 생각하고 싶다. 내가 하는 일이 어떤 의미가 있는지 구체적으로 자각하고 그래서 자기 일에 직업적 자부심을 지닌 사람으로서 일하며, 그 일을 더 잘하기 위해 끊임없이 노력해서 일의 능력치를 끌어올리고 결국 그것이 한 인간으로서의 성장으로 이어지는 삶. 나는 그렇게 일하고 싶고 그렇게 살고 싶다. 더 단순하게 말하자면 이렇다. 삶의 반쯤은 일인데 기왕 그렇다면 내 일의 의미를 찾아야겠다. 의미 있는 일이니만큼 더 잘하고 싶다. 일에서의 성장을 인간으로서의 성장과 연결하겠다. 그래서 기왕 태어난 거, 의미 있게 살고 싶다.

누구나 하루에 한 번은 화장실을 간다. 그 화장실에는 도기, 비데, 수전 등이 있으니 그걸 만드는 회사도 있다. IS동서라는 회사가 그런 회사였는데 더이누스로 사명을 변경하면서 기업의 미션을 이렇게 정의했다. '사람들이 다시 힘을 내어 세상에 나설 수 있도록 만든다.' 이 작업을 담당했던 황부영 형의 칼럼에서 그걸 알게 되었을 때 나는 진심으로 자리에서 일어나 박수를 치고 싶은 심정이었다. 지금도 더이누스의 홈페이지를 찾아가면 기업 미션으로 저 문장이 당당하게 쓰여 있는 걸 볼 수 있다. 너무나 멋지지 않은가. 그냥 화장실의 도기나 비데 따위를 만드는 일을 한다고 생각하는 사람과 혼자만의 단절된 공간에서 상쾌하게 리프레시되는 경험을 하게 해줌으로써 다시 세상에 나설 수 있도록 해주는 게 자기 일이라고 생각하는 사람이 갖는 직업적 자부심이 같을 수 있겠는가.

리츠칼튼 호텔의 모토는 'We are Ladies and Gentlemen serving Ladies and Gentlemen'이다. 최고급 호텔답게 최고 수준의 고객들을 모신다는 프라이드가 느껴지는 건 기본이다. 놀라운 것은, 그런 고객을 응대하는 호텔리어로서 자신을 그에 걸맞은 레이디스 앤 젠틀맨으로 규정하고 있다는 점이다. 직업적 자부심의 격이 달라진다. 맥켄에릭슨이라는 글로벌 광고회사가 있다. 광고회사니까 광고 만드는 게 자기 일이다. 맥켄에릭슨이 광고를 뭐라고 정의했는가 하면 'truth well told'다. 제품이나 브랜드를 만든 사람들이 찾지 못하는 중요한 진실을 시장과 소비자의 관점에서 발견해 그걸 인상적으로 표현해내는 전문가라는 직업적 자부심이 선명하다. 그것도 딱 세 단어로 말이다. 광고주가 갑이고 광고회사가 하는 일을 을의 비즈니스라고 자조하는 사람과 직업적 자부심이 다르다.

자기 일의 가치와 의미를 제대로 알게 되면 그에 부합하려고 노력하게 된다. 화장실을 나가 다시 세상에 나설 때 어떻게 하면 더 힘이 날 수 있을까를 고민할 것이다. 레이디스 앤 젠틀맨의 품격을 갖추기 위해 부족한 건 없는지 자신을 점검할 것이다. 사람들의 마음을 흔들 만한 제품의 진실을 찾으려 집중하게 되고, 잘 말하기의 프로로서 자기 능력이 모자라지 않는지 체크하게 될 것이다. 황부영 형이나 나나 너 같은 광고인이 하는 일은 그러므로 이렇게 말할 수도 있을 것이다. 제품이나 브랜드의 존재 의미를 설득력 있게 찾아주는 사람. 그게 내 직업적 자부심의 뿌리와 기둥이다. 재치 있는 카피를 쓰는 건 아름드리 나무의 작은 가지 정도에 지나지 않는다.

배워서 알든 경험을 통해 알든 우리는 오직 행동으로써만 나아간다. 구체적인 최선을 바라며 구체적인 최악을 대비하는 거지. 바라는 결과가 나오지 않았다면 그 자리에서 또다시 구체적인 행동으로 다시 시도하는 거야. 그 과정에 업 앤 다운이야 있겠지만 우리의 일과 인생의 그래프가 결국엔 우상향하리라고 굳세게 낙관하면서 말이다. 그렇게 일한다면 어떤 실패와 다운도 귀하고 감사하지 않을 수 없을 거라 생각한다.

디지털이 키워드인 이 시대를 누구나 연결의 시대라고들 말한다. 무엇과 무엇의 연결인가? 나와 또 다른 나의 연결이다. 수동적인 소비자나 미디어의 수용자이기만 한 자리에 더는 머물지 않고, 누구라도 내가 바로 미디어이고 내가 바로 콘텐츠의 생산자인 시대. 주체적인 나의 존재가 이만큼 중요한 때가 현시대 이전 인류 역사에 단 한 번이라도 있었던가. 내 인생에서 나보다 중요한 건 없다. 내가 하는 일을 더 잘하려는 모든 모색과 공부와 시도는 내 인생을 스스로 존중하는 데서 비롯된다. 광고 일을 더 잘한다고 해서, 카피라이터라는 직업적 자부심이 충만하다고 해서 세상을 구원하는 것도 아니고 사람을 죽이고 살리는 것 또한 아닐 것이다. 바둑의 대가 조치훈 선생의 표현을 빌리면 그래봤자 광고, 그래도 광고다.

나는 연결되고 싶다, 자기 일에 대한 자부심을 가지고 일하는 사람들과. 그렇게 나의 자부심과 너의 자부심이 연결된 세상에서 함께 분투하며 어제의 나보다 손톱만큼이라도 더 성장하며 일하고 싶다. 아니, 그렇게 살고 싶다.

회사를 떠나려는
너에게

높은 산에 오를 준비를 할 때마다 장비를 챙기면서
운다고 고백한 산사람이 있었다 14번이나 최고봉에 오른 그가
무서워서 운다고? 그 말을 듣는 순간 산 때문이 아니라
두려움 때문일 거라고 생각했다 무서운 비밀을 안 것처럼
나도 무서웠다 산 오를 생각만 하면 너무 무서워서 싼 짐을
풀지만 금방 울면서 다시 짐을 싼다고 한다 언젠가 우리도
울면서 짐을 싼 적이 있다 그에게 산이란 가야 할 곳이므로
울면서도 떠나는 것이다 누구에게나 무서워 울면서도
가야 할 길이 있는 것이다

능선에 서서
산봉우리 오래 올려다보았다
그곳이 너무 멀었다

- 천양희 지음, 《너무 많은 입》, 〈최고봉〉, 창비, 2005

가장 먼저 축하의 말을 건네고 싶다. 농담이나 역설이 아니고 조롱은 더더구나 아닌 진짜 축하를. 회사원의 삶에서 회사가 차지하는 비중이란 실로 어마어마한 것이어서, 회사가 개인을 밀어내기 전까지 개인이 회사를 자기 삶 밖으로 밀어낼 수 있다는 걸 상상도 못 하는 사람들이 생각보다 훨씬 많기 때문이야. 그런 의미에서 이것은 입사 축하와는 다르겠다. 입사 축하가 신입이든 이직이든 회사에 들어가기 전까지 애써온 노력에 대한 것이라면, 사직 축하는 용기에 대한 찬사다. 지금 있는 곳에서 현재 가진 것들을 과감히 버리고 새롭게 출발하는 자에게 보내는 리스펙트. 낯선 세상에 대한 모험심과 새로운 곳이 어디든 잘 해낼 수 있다는 자기 확신에 대한 마음 깊은 곳으로부터의 지지.

사실 나는 '자진 퇴사 경험 예찬론자'라고 말하고 싶어. 어렵게 들어온 회사를 어떤 이유에서든 스스로 그만두기로 하는 결정은 실로 어려운 일이다. 그렇게 어려운 결단을 내려 사표를 던져본 사람만이 알게 되는 놀라운 진실이 있지. 이 회사를 그만둔다고 해서 세상이 무너지는 건 결코 아니라는 것, 바로 그거야. 갑자기 근엄한 사람들이 찾아와서 나를 어딘가 무서운 곳으로 끌고 간다거나, 나를 아는 모든 이들이 일제히 나를 비난한다거나, 혹은 어제까지 여러 밤을 새워도 모자랄 골치 아픈 프로젝트들이 내가 빠졌다는 이유로 무산되는 일 같은 건 절대 일어나지 않는다. 누가 그걸 모르랴 싶지만 실제 자기가 사표를 던지고 난 다음 날 아침을 맞아본 사람만이 진짜로 알게 된다. '아, 사표를 낸다고 큰일이 나는 건 정말 아니구나!'라는걸.

그 경험이 주는 장점은 무엇보다 주체적이고 당당해질 수 있다는 점이다. 나이와 서열을 중시하는 우리 사회의 분위기라는 게 있어서 회사원은 눈치 보는 존재가 되기 일쑤고, 시키는 일을 할 때조차 윗사람의 의중을 헤아리는 게 가장 중요한 업무가 되곤 하니까. 어떤 회사에서 무슨 일을 하건 자기가 왜 그 일을 해야 하는지 명확하게 인식해서 주체적으로 고민하고 적극적으로 헤쳐 나아가지 않으면 자기 일에서 유능해지기 어렵다고 나는 생각한다. 그런데 사표를 던져본 사람은 알게 되지. 일로 만나는 회사 사람들이 내 인생의 영원한 동반자가 아닐 수 있다는 걸 말이야. 이 사람 저 사람 눈치 볼 것 없이 자기 소신껏 일할 확률이 조금이라도 더 높아지지 않을까? 그런 의미에서 자진 퇴사를 경험하는 건 길게 보아 유익하다 이거지.

모든 것에는 끝이 있다. 어떤 만남도 결국엔 헤어짐의 순간을 맞게 되지. 부모와 자식의 관계도 그러하고 일생의 반려와도 그러한데, 하물며 회사에서 만난 사이가 어찌 예외가 될 수 있겠어? 다만 떠날 때 어떤 모습이냐에 따라 그 사람의 평판은 또 한 번 달라지더라는 걸 말해주고 싶어.

화난 얼굴로 떠나지 마라. 환하게 웃는 얼굴로 돌아서라. 그다음 이내 울게 될지라도. 그게 회사를 떠나는 너에게 내가 해주고 싶은 말의 전부다. 떠나려는 회사에 아쉬움도 많겠지. 서운함은 또 없을까. 당장 닥쳐올 낯선 내일이 두렵기도 하겠지. 하지만 이를 악물고 웃었으면 해. 지금껏 네가 몸담았던 그 책상과 의자와 회의실과 커피머신을 향해 웃어주었으면 해. 네 인생의 지울 수 없는 한 시절을 향해 웃어주었으면 해. 가족보다 더 많은 시간을 함께한 너의 사람들을 향해 웃어주었으면 화난 얼굴로 떠나지 마라. 환하게 웃는 얼굴로 돌아서라. 그다음 이내 울게 될지라도. 그게 회사를 떠나는 너에게 내가 해주고 싶은 말의 전부다. 떠나려는 회사에 아쉬움도 많겠지, 서운함은 또 없을까. 당장 닥쳐올 낯선 내일이 두렵기도 하겠지. 하지만 이를 악물고 웃었으면 해.

해. 다시 볼 일 있겠냐는 생각에 은근슬쩍 사라지지는 말았으면 좋겠다. 우리가 사는 세상은 무한히 넓은 우주이면서도 몇 다리 건너면 느닷없이 연결될 만큼 좁고 작기도 한 것이니, 오늘 작별을 고한 이와 어떻게 다시 만날지는 아무도 모르는 인연이라서 그렇다. 더구나 업계의 평판이란 너는 모르는 사이에 오가는 것이기 때문에, 여기서 헤어지는 모든 이가 너의 업무 능력과 회사 생활에서 너란 사람이 어떠한가를 말해줄 증언자란 점을 부디 잊지 말아라. 무엇보다 떠나는 너의 웃는 얼굴은 너 자신에게 말해줄 거야. 낯설고 새로운 곳에서도 너는 또 다정하고 용감하게 잘 해낼 거라고 말이다.

사실 나는 사람의 첫인상을 믿지 않는다. 헤어져 돌아서 가는 뒷모습이 그 사람을 더 잘 말해주더라. 열다섯 번째 봉우리 등정을 준비하며 오늘 밤 울면서 짐을 싸게 되더라도, 열네 번째 봉우리를 향해 환하게 웃어주는 사람. 나는 그런 사람이 좋더라. 나도 너의 기억 속에 그런 사람으로 기억되고 싶다.

일을 잘하고 싶지만
뭘 해야 할지 모르겠다는 너에게

스승을 찾으십시오. 당신을 오류에 빠지지 않도록 해줄 것입니다. 스승을 찾지 마십시오. 모든 스승은 당신 자신입니다. 그 스승을 아는 것 또한 당신이기 때문입니다.

– 잘랄 아드딘 무하마드 루미 지음, 정제희 옮김, 《루미 시집》, 시공사, 2019

영국에 가본 적이 있니? 나는 없다. 아직 한 번도 가보지 못한 곳이어서일까? 영국에 대해 읽거나 듣고 나면 전보다 실제 영국으로부터 더 멀어지는 느낌이야. 영국에 대한 환상을 차곡차곡 굳세고 꼼꼼하게 강화하다 보니까 내가 그리는 영국이란 나라는 지구상 어디에도 존재하지 않을 것만 같은 생각이 들곤 해. 최근에 들은 영국 얘기는 이거야. 영국인들은 절대 날씨에 대해 불평하지 않는다. 어때? 정말 멋지지 않니? 바꿀 수도 통제할 수도 없는 날씨에 불평하지 않는다고 하잖아? 툭 하면 날씨를 놓고 투덜거리는 나로서는 오, 스승님! 그런 기분이었다고. 이렇게 또 영국에 대한 환상이 하나 더 추가되는 거지. 하하하. 어쨌든 영국 날씨는 유명하잖니? 하루 안에 사계절이 다 있다는 속담이 있을 정도니까 말 다 한 거지 뭐.

숨 가쁜 일정을 달렸던 지난주를 보내며 나는 문득 영국의 하루를 생각했어. 우리의 한 주가 아침부터 밤까지 불과 하루 동안에 봄으로 시작해서 여름을 지나 가을의 시간을 거쳐 겨울을 느낀다는 그 영국 날씨 같았다고 느꼈던 거지. 우리는 지난 일주일 동안 사계절, 아니 우리 일에서 겪을 희로애락 네 가지를 모두 경험했잖니. 촬영하기 힘든 날씨였는데도 애써주어서 감사하다며 클라이언트가 보내준 작은 선물에 나는 참 기뻤다. 또 다른 클라이언트도 자기네 회사 비딩에서 좋은 제안을 해줘 고맙다며 선물을 보내왔지. 나는 또 기뻤고 그 회사들이 새삼 멋있어 보였다. 광고회사가 경쟁 피티에 참여해서 프레젠테이션을 하고 제작물을 만드는 건 바다가 파도를 치고 고양이가 그루밍을 하는 것처럼 제 할 일을 하는 거 아니냐고 한다면 틀린 말은 아닐 거야. 당연하다는 거지. 하지만 기억해두자. 세상에 당연한 건 없다. 우리 일상에서 다른 예들을 떠올려볼까? 폭염이나 폭설에도 불구하고 아파트 현관문을 열면 기다리던 택배 상자가 도착해 있다. 주문한 지 하루 이틀도 지나지 않아서 책이며 감자식빵을 가져다주시는 택배 노동자들의 수고는 당연한 것일까, 감사할 일일까? 마스크를 쓴 채 땀을 뻘뻘 흘리며 코로나 백신 주사를 놓는 의료진은 당연히 자기 할 일을 했을 뿐일까, 아니면 감사할 일일까?

감사에 관해서라면 나는 또 토머스 프리드먼의 책《늦어서 고마워》를 빼놓을 수 없겠다. 평생 한 번도 받기 어려운 퓰리

처상을 세 번이나 받은 이 탁월한 저널리스트는 약속 시간에 늦은 상대방을 기다리는 짧은 시간 동안 그를 비난하고 화를 내는 대신 오히려 생각할 여유가 생겨서 고맙다며 책의 제목을 저렇게 붙였다지 않던가. 토머스 프리드먼이 그랬듯 지난주 서로 다른 두 클라이언트의 선물은 내게 스승이 되어주었다. 당연한 것처럼 보이는 사건이나 현상을 감사의 시선으로 바라보게 해주는 스승. 결국 무엇에 감사하며 그것을 언제 어떻게 표현하느냐 하는 것이 격이라는 생각을 하게 되더라. 인격의 그 격 말이다. 나는 지금 기쁨과 배움에 관해 말하고 있다. 일을 잘하고 싶은데 그러려면 막상 뭘 해야 할지 모르겠다는 너에게 말이다.

희로애락이 영국 날씨처럼 드라마틱했던 지난주엔 우리 모두를 화나게 하는 일도 있었고 너무나 아쉽고 슬픈 소식도 들어야 했지. 말하자면 희로애락 중 성낼 노와 슬플 애. 하지만 우리, 기억을 편집하기로 하자. 광고 영상을 만들 듯이 말이지. 무슨 말이냐면, 영상은 촬영으로 끝나는 게 아니잖니. 편집으로 완성되지. 편집실에서 촬영한 모든 컷을 하나씩 보면서 오케이를 골라 좋은 것들로만 편집하듯이 기억을 편집하자는 얘기다. 최종 제작물이 편집을 통해 완성되는 것처럼 우리 기억도 선택과 집중을 거쳐 좋은 편집본으로 만들자는 거야. 희로애락의 모든 것에 똑같은 가중치를 주는 것이 아니라 기쁨과 배움에 포커스를 두고 편집한다면, 우리의 지난주는 클라이언트의 선물이 가져다 준 뜻밖의 기쁨과 당연한 것을 당연하게만 여기지 않는 감사의 관점을 배운 기억으로 남을 테니까.

일의 스승은 그렇게 곳곳에 있다. 우리 일상에 있다. 아무것도 아닌 사건들 속에 숨어 있다. 그렇다면 이렇게 말할 수도 있을 거야. 스승은 발견하는 거라고. 너의 눈으로 찾아내는 거지. 아침 출근길 읽은 책의 문장 속에, 옆자리 동료의 책상 위에, 우리가 함께 나눈 소주잔 사이에, 그리고 무엇보다 회의실에서 명멸하는 선후배들의 아이디어 안에 스승은 있다. 스승을 찾기 위해선 안테나를 높이 뽑아 올려야 해. 레이디 가가 같은 거지. 주말에 넷플릭스 들어갔다가 우연히 레이디 가가의 다큐멘터리를 보게 되었는데 그녀가 이렇게 말하는 거야. "내가 내음악에 대해 얘기했을 때 누군가가 고개를 끄덕여주고 공감해주면 소중한 걸 가방에 넣는 기분이다. 나의 미래로 가져갈 가방." 그녀의 관점과 표현이 내 안테나에 걸렸던 거지. 레이디 가가는 그 순간 나의 스승이 되어준 거야.

자, 이제 라디오 전파를 잡아내듯 너의 스승을 찾아내 보라고. 네가 찾은 스승이 스승인지 아닌지 긴가민가하다면 서슴지 말고 물어야 해. 동료에게 묻고 선배에게 묻고 후배에게 묻는 거야. 너는 이렇게 생각하는데 그는 어떻게 생각하냐고. 너는 이렇게밖에 생각을 못 했는데 당신은 어떻게 해서 그런 생각을 했느냐고. 그 과정에서 몰랐던 걸 알게 됐거나 생각해본 적 없는 시선을 얻게 됐다면 어떻게 해야 할까? 맞아! 감사! 네가 물어도 좋은 답을 해줄 사람이 없을 것 같다고? 틀렸어. 반드시 한 사람은 있다. 믿어도 좋아. 너를 오류에 빠지지 않게 해주고, 너의 성장에 진지한 관심이 있으며, 너의 기쁨과 배움을 자기 일처럼 생각해줄 스승이 분명 한 사람은 있어. 그게 누굴지 궁금하지 않아? 너의 예민한 안테나를 올리라고. 지금 당장!

노력과 재능 중
뭐가 더 중요하냐 묻는 너에게

손자는 이렇게 말합니다.

적이 나를 이길 수 없게 하는 것은 나에게 달려 있지만,
내가 적을 이길 수 있는 것은 적에게 달려 있다.

최소한 지지 않게 하는 건 바로 나에게 달려 있다는 것입니다. 그래서 옛날에 전쟁을 잘
하는 장수는 먼저 자기 자신을 적이 이기지 못하게 만들어 놓고 적을 기다린다고 했습
니다.

– 임건순 지음, 《손자병법, 동양의 첫 번째 철학》, 서해문집, 2016

A는 작년 12월 어느 날 아들로부터 결혼할 수도 있는 여자친구를 집에 데려와 인사를 시키겠다는 말을 들었다. 여자친구가 아들보다 세 살이 많다는 것. 3년 넘게 연애한 사이라는 것. 그게 A가 아들의 여자친구에 대해 아는 전부였다. 디데이는 일주일 후로 정해졌다. A가 제일 먼저 한 일은 집 안 대청소도 아니고 갈비찜 재료를 사는 일도 아니었다. 빨간 산타클로스 의상을 식구 수 더하기 1만큼 주문한 것이었다.

B는 평소 자신의 언어 감각에 자신이 있는 편이었고, 주위에서도 재치 있다는 얘기를 자주 들었다. 믿을 만한 지인을 통해 괜찮은 상대와 소개팅을 하게 되었다. 그녀의 직업은 변호사라고 했고, 만나보니 첫인상도 좋았다. B는 재치 있게 자기 이름을 소개하고 나서, 어디 사시느냐고 가볍게 질문을 던졌다. 분당이라는 말에 B는 기회를 놓치지 않고 말했다. "바람이 굉장히 귀엽게 부는 데서 사시네요. 바람이 분당!"

A와 B 중 누가 카피라이터 같냐고 묻는다면 대부분 사람이 B를 택할 것이다. 카피라이터란 짧고 재미있는 말을 순발력 있

게 찾아내는 사람이라고 생각하기 때문이다. 똑같은 질문을 나에게 한다면 나는 A를 선택할 거다. 카피라이터는 커뮤니케이션 아이디어로 문제를 해결하거나 목표를 달성하는 사람이기 때문이다. A는 내 오랜 친구인데 카피라이터는 아니다. 마침 크리스마스가 가까웠기에 온 식구가 산타 복장으로 아들의 여자친구를 맞았고, 어깨에 둘러멘 자루에서 선물을 꺼내 건네주었고, 시끌벅적 캐럴을 부르며 영상도 찍었다. 아버지는 뭐 하시냐, 우리 아들 어디가 좋았냐 등등으로 이어지는 하품 나는 호구조사도 아니요 숨 막힐 듯 엄근진한 분위기도 아닌, 너무도 의외의 유쾌한 환대에 놀란 아들의 여자친구는 바로 그날 저녁 결혼할 결심을 굳혔다고 한다. 결혼하면 시댁이 될 남자친구의 부모님 댁에 처음 오는 터이니 그녀가 얼마나 어색하고 긴장할지를 나의 친구 A는 헤아렸던 거다. 그리고 그의 조치가 너무나도 적절해서 모두가 해피한 첫 만남이 되었고, 평생 잊을 수 없을 그 해피한 기억을 지닌 채 아들과 아들의 여자친구는 얼마 전 하늘이 유난히 푸르던 날 결혼식을 올렸다. 그 얘기를 듣고 감동한 나는 이렇게 말할 수밖에 없었다. "카피라이터의 재능을 타고난 사람은 내가 아니라 너였어!" 앞서 예로 든 B는 드라마 〈이상한 변호사 우영우〉에 나오는 털보사장이다. 전 국민이 알다시피, 털보사장의 재치는 오히려 상황을 망치는 데 결정적 역할을 하고 만다.

A 같은 재능을 타고나지 못한 이원홍이 카피라이터를 잘하고 싶다면 뭘 해야 하겠나? A만은 못하더라도 실낱같은 재능이 이원홍에게도 있기는 한 걸까? 그것만 골똘히 고민해선 결코 알 수 없다. 우선 내가 하는 일이 무엇인지 제대로 알아야 한다. 카피라이터가 재미있는 말을 순발력 있게 찾아내는 사람이라고만 생각한다면 털보사장 같은 아재개그 재능이 있나 없나를 보게 되지만, 커뮤니케이션 아이디어로 문제를 해결하거나 목표를 달성하는 것임을 알게 되면 참신한 문제해결 능력이 있나 없나에 집중하게 된다. 좋은 요리사가 칼질에 능수능란할 수야 있겠지만, 그렇다고 셰프가 하는 일이 칼질이라고 할 순 없지 않은가. 공을 떨어뜨리지 않고 드리블을 잘한다면 멋지기는 하나, 축구선수가 드리블하는 사람이라고 할 순 없지 않은가. 자기 업의 정체성과 자기 일의 의미를 자각하는 건 그래서 중요하다.

'내가 이런 거 하는 사람이구나'라는 걸 주체적으로 깨닫고 나면 그다음은 어떻게 될까? 예외 없이, 더 잘하고 싶어진다. 그렇게 더 잘하고 싶어서 분투하는 과정에서만 자기 재능의 유무도 알게 된다는 건 실로 묘한 일이다. 말하자면 이런 생각의 순간이 온다. '어디까지가 재능이고 어디부터가 노력인지 경계가 모호하고 구분도 의미가 없구나. 어쩌면 재능이란 것도 있거나 없거나 둘 중 하나가 아니라 일종의 씨앗 같은 것일지 몰라. 찾아내서 북돋워 주고 키워가며 스스로 발전시켜가야 하는 그런 것. 연약하고 작은 씨앗을 보며 아름다운 꽃의 미래를 확신하듯 말이지. 그토록 궁금해했던 재능의 정체가 알고 보니 고정돼 있는 게 아니라 성장하며 변해가는 것이구나.'

카피라이터인 내 친구 강찬욱은 골프도 잘 친다. 카피도 잘 쓰는데 골프책도 세 권이나 냈다. 심지어 잘생기기까지 했다. 남들은 하나도 있을까 말까 한 씨앗을 여러 개나 가지고 태어난 씨앗계의 금수저라고나 할까. 그에 비하면 새 발의 피도 안 되는 재능의 소유자인 나는 〈나쁜 골프〉라는 그의 유튜브 채널을 구독과 '좋아요' 알림 설정하는 것으로 그와의 우정을 이

어디까지가 재능이고 어디부터가 노력인지 경계가 모호하고 구분도 의미가 없구나. 어쩌면 재능이란 것도 있거나 없거나 둘 중 하나가 아니라 일종의 씨앗 같은 것일지 몰라. 찾아내서 북돋워 주고 키워가며 스스로 발전시켜가야 하는 그런 것. 연약하고 작은 씨앗을 보며 아름다운 꽃의 미래를 확신하듯 말이지.

어가고 있다. 그 유튜브에서 강찬욱이 내가 알지 못했던 타이거 우즈의 말들을 소개해준 적이 있다.

골프 역사상 가장 위대한 재능을 타고난 천재이자 모든 스포츠를 통틀어 그에 비견될 만한 사람은 농구의 마이클 조던 밖에 없다는 평가를 받는 타이거 우즈. 어렸을 때 그는 가장 큰 아이도 아니었고 가장 빠른 아이도 아니었으며 가장 재능 있는 아이도 아니었다고 한다. 타이거 우즈의 말이다. "다른 선수들이 하나둘 나를 앞설 것이다. 그러나 누구도 나의 노력을 앞서지는 못할 것이다." 사람들은 그가 재능을 타고났다고 보지만, 정작 그는 노력이야말로 자신의 재능이라고 확신한다. 물론 모든 노력이 보답을 받는 건 아니라는 걸 그도 안다. "나는 최대한 노력하지만 잘 안될 때도 있다. 그것은 자연스러운 일이다." 타이거 우즈조차 최대한 노력해도 잘 안될 때가 있다는 저 말은 특별히 내 기억에 남아서, 일이 잘 안될 때마다 자연스러운 위로가 되어준다. 노력을 했다 하면 반드시 성취를 한 건 아닌 우즈의 인생 스토리에 심심한 감사를 전하고 싶은 심정이 되는 것이다.

마지막으로 강찬욱에 따르자면 타이거 우즈는 'better'라는 단어를 유독 좋아했다고 한다. 그는 better가 들어간 멋진 말을 많이 남겼는데 내가 특히 좋아하는 건 이거다. "당신은 더 좋아질 수 있다. 그것이 가장 익사이팅하다." 우리 함께 우즈를 믿기로 하자. 타고난 재능이 내 친구 A나 강찬욱만 못하더라도 나 역시 더 좋아질 수 있는 것이다. 더 잘할 수 있는 것이다. 다만 하나의 전제가 있다. 자신의 재능을 고민만 할 게 아니라 뭔가 해야만 한다는 사실. 뭔가 해야 better를 도모할 수 있으니 말이다. 우리가 어디에서 무슨 일을 하든, 싸워야 할 때란 반드시 온다. 적의 눈에 그때의 내가 쉽게 이길 수 있는 상대가 되어선 안 된다. 최소한 지지 않게 나를 만들어두어야 한다. 그것은 오로지 지금의 내가 무엇을 어떻게 하느냐에 달려 있다.

트렌드에 빠삭한
너에게

흔히 사람들은 링컨을 '위대한 사람'이라고 한다. 그러나 그는 한 번도 위대한 일을 하려 든 적이 없다. 다만 그는 자신에게 주어진 작은 일들을 충실히 이행했을 뿐이다.

― 김명희 지음, 《에이브러햄 링컨》, 선, 2013

골프가 핫하다고 하더니 요즘은 테니스란다. 힙지로와 서촌, 익선동이 힙하다면서 아는 체 좀 할라치면 에이 그게 언제 적 얘기냐고 가벼운 핀잔이 돌아오겠지. 차박과 홈트에 '아!' 하다가 MBTI에 '응?' 했더니 디저트 오마카세와 위스키 하이볼은 어떠냐고 턱밑에서 묻는 시대랄까.

모든 새로운 것들엔 이전에 없던 미덕이 있다고 나는 믿는다. 카피라이터라는 일이 시대의 트렌드에 무심할 수 없는 것이다 보니 그런 믿음은 어쩌면 일종의 직업병일 수도 있겠다. SNS에 넘치는 예쁨과 기쁨들은 자신을 당당하게 드러내서 인정받고 싶어 하는 건강한 욕망으로 읽히고, 맛있는 음식에 대한 탐닉은 한정된 시간과 재화를 경제적으로 소비해서 최선의 만족을 얻고자 하는 스마트함으로도 보인다. 다음 트렌드로 떠오를 건 또 뭘까 하는 호기심과 기대감 또한 없지 않다. 하지만 나는 이제 광고라는 콘텐츠 크리에이터로서 트렌드를 어떻게 바라볼 것인가 하는 문제를 말해야겠다. 트렌드를 잘 알고 그 흐름에 능동적으로 참여한다고 해서 그것만으로는 뭔가 하고 있다고 생각하지 마시라. 착각이다. 굳이 카피라이터가 아니더라도 흥미로운 트렌드와 담을 쌓고 산다면 재미없는 삶이기 십상이다. 노잼 라이프라는 거지. 그렇다고 해서 트렌드에 휩쓸려 다니기만 해선 곤란하다. 자칫 생각 없는 삶이 될 수 있으니까 말이다. 재미없는 삶보다 생각 없는 삶이 더 위험하다.

학창 시절 시험공부를 떠올려보시라. 책상 정리를 하는 건 시험공부가 아니다. 계획을 세우는 것도 시험공부가 아니다. 마음을 가라앉혀야 한다는 명분으로 안 하던 명상을 하는 것 또한 시험공부가 아니다. 책을 펴서 그 안으로 들어가는 것, 그게 바로 시험공부다. 그러니 한창 뜨는 유튜브 채널과 웹툰에 빠삭하다고 해도 넌 아직 아무것도 안 한 것이다. 지난 주말에 캠핑을 즐기고 디저트 맛집에서 멋진 인증샷을 찍어 팔로워들에게서 받은 하트 수가 수백 개가 넘어도, 넌 아직 아무것도 안 한 것이다. 핫한 연예인과 콜라보한 소주를 마셔봤어도 넌 아직 아무것도 안 한 것이다. 그런 트렌드를 신선하게 활용한 아이디어를 내거나 그런 트렌드를 좋아하는 사람들의 마음을 흔들 만한 카피를 썼을 때, 그제야 비로소 너는 뭔가 한 것이다.

그런데 트렌드에는 그렇게 관심도 많고 적극적인 데 비해서 정작 해야 할 기본적인 공부에 그다지 열심이 아닌 경우가 많아 나는 좀 아쉽고 안타깝다. 광고라는 일을 잘하고 싶은 초보 광고쟁이에게 필요한 기본적인 공부란 무엇인가? 광고다. 좋은 광고를 많이 찾아서 봐야 한다. 광고와 마케팅, 디지털에 대한 전문 도서들을 구해서 읽어야 한다. 그 바탕 위에서 어떤 광고가 좋은 광고인지 자기 언어로 설득력 있게 말할 수 있어야 한다. 그것은 쉬운 일이 아니다. 많은 사람이 좋아하면 트렌드가 되지만, 트렌드를 잘 안다고 해서 많은 사람이 좋아할 만한 콘텐츠를 만들 수 있게 되는 건 아니다. 물론 트렌디한 광고가 좋은 광고의 전부인 것도 아니다.

아이디어로 콘텐츠를 만드는 업을 가진 사람에게 트렌드는 양날의 검 같은 것이다. 적절하게 활용하기만 하면 시대를 영리하게 포착한 것이 되겠지만, 자기중심을 잃고 그저 트렌드에 휩쓸려 다니면 수많은 추종자 중 하나로 전락할 수도 있으니 말이다.

"이제 좀 적응이 되는 거 같아요"라고 네가 말했을 때 내가 해준 얘기 기억하니? 나는 너에게 이렇게 말했다. 적응하지 말라고. 기존의 사람들이 어떠한가 살펴서 그에 맞춰 비슷비슷하게 어울릴 노력을 하는 게 적응 아니냐. 잘 적응해서 똑같아지라고 너를 뽑은 게 아니다. 기존 사람들에게 없는 무언가를 네가 채워줄 수 있을 것 같아서 뽑은 것이다. 똑같은 사람 하나 더 두어서 뭐 하겠는가. 언젠가 어느 일본 영화에서 여주인공이 한 대사를 기억한다. "우롱차를 주문하는 사람이 되고 싶어요." 모두 커피를 주문하는 자리, 자기가 좌장도 아닌 데다가 성격은 또 극도로 소심한 사람. 그렇지만 그런 순간에 선선히 자기가 좋아하는 우롱차를 주문하는 사람이 되고 싶다는 마음이었다고 기억한다. 어쩌면 회사는 우롱차를 주문하는 사람을 기대하면서 널 뽑은 것일지 몰라. 똑같은 커피를 주문할 사람이 하나 더 필요한 게 아니니까. 그러니 나는 너에게 다시 한 번 말하겠다. 적응하지 마라.

자기 눈으로 이슈를 볼 줄 아는 사람이 세상엔 많지 않다. 그런 사람이 되기 위해 우리 노력하자. 그러려면 일하다가 모르는 것을 만났을 때 눈에 불을 켜고 집중해야 한다. 일을 하다 보면, 더구나 아직 시작하는 단계라면, 회의실의 토론이나 상사의 지시에서 모르는 것들이 생기기 마련이다. 물론 모를 수도 있지. 그러나 문제는 본인 스스로 모를 수도 있지 하고 그냥 넘어가는 데에 있다. 중요한 개념이건 사소한 용어의 정확한 의미건, 몰랐다면 몰랐다는 걸 알게 된 바로 그 순간이 그 문제를 제대로 알 수 있는 절호의 기회다. 선배에게 물어보고, 관련 책들을 찾아보고, 하다못해 인터넷 검색이라도 해봐야 하지 않겠는가. 핵심은 본인 스스로 문제의식을 느껴야 한다는 거야. 그래야 주체적인 노력이 시작될 수 있고, 그런 자발적 노력에 성실해야만 성장해갈 수 있다는 것이다. 그런데 모르는 것을 알고자 스스로 애쓰는 사람이 생각보다 많지가 않더라.

인스타그램에 올린 맛집 탐방 셀카에 많은 사람이 '좋아요'를 눌러주길 바라는 것처럼 우리는 누구나 일 잘한다고 인정받기를 원한다. 아무리 워라밸에 철저한 사람이라고 해도 굳이 일 못하는 사람이 되고 싶지는 않을 것이다. 그렇다면 가장 먼저, 기본을 공부하라. 내가 하는 일이 무엇인지 자기 언어로 말할 수 있는가? 이 분야에서 어떤 것들을 잘했다고 평가하는지 충분히 아는가? 좋은 것이 왜 좋은지 이유를 설명할 수 있는가? 꼭 한번 차분하게 생각해주었으면 좋겠다. 일을 잘하는 데 꼭 필요한 기본적인 공부는 못 본 체하고 트렌드에만 지나치게 흥분하고 있지는 않은지 말이다. 모르는 걸 묻고, 이해하지 못하던 걸 깨닫고, 새롭게 알게 된 것을 활용해서 이전엔 못 하던 것을 해내고, 그렇게 자신에게 주어진 작은 일들을 충실히 이행하는 것이야말로 일하는 자의 위대함이 아닐까, 나는 생각한다.

이제 나는 성실을 말해야겠다. 성실이라는 말에서 어쩐지 흑백 화면에 궁서체로 쓴 초등학교 급훈 따위가 떠오르는가? 광고 현업에서 훌륭한 카피라이터로 활약하다가 지금은 대학에서 학생들을 가르치고 계시는 교수님과 페이스북에서 대화를 나눈 적이 있다. 주말에도 연구실에 나오셨기에 나는 그 성실함을 제자들이 보고 배우게 될 거라고 말씀드렸다. 우리 대화는 성실에 집중됐고, 시대가 아무리 변해도 성실이 중요한 가치라는 데 찰떡같이 공감했다. 성실은 고리타분한 구시대의 모토가 아니다. 성실이란, 지극한 마음으로 꾸준히 내실의 성장을 도모해가는 노력이다. 좋아하는 일을 잘하고 싶다면 자신에게 물어야 한다. 나의 열정은 성실한가?

책을 내고 싶다는
너에게

내 책을 던져버려라. 이것은 인생과 대면하는 데서 있을 수 있는 수많은 자세 중 하나에 불과하다는 것을 명심해라. 너 자신의 자세를 찾아라.

- 앙드레 지드 지음, 김화영 옮김, 《지상의 양식》, 민음사, 2007

사실 네가 처음은 아니야. 자기 이름으로 된 책을 쓰는 게 인생 버킷리스트 중 하나라며 내게 조언을 청한 사람이 실은 꽤 여럿이거든. 내가 뭐라고, 그게 솔직한 나의 첫 느낌이다. 학창 시절 운 좋게 나쁘지 않은 시험 점수를 받았더니 쉬는 시간에 친구가 찾아와서 어떻게 공부했냐고 물으며 비법을 공유해달라고 할 때의 난감함 비슷한 심정이지. 왜 난감하냐고? 그 친구에게 도움을 주고 싶어도 해줄 말이 정말 없으니까. 없어서 없다고 하는 건데, 친구는 내가 말해주기 싫어서 그러는 줄 알고 실망하지.

이전 회사 중 한 곳에서 겪은 일을 너에게 들려주고 싶다. 나는 젊었고 내 일을 잘한다는 자신감이 하늘을 찌를 듯하던 그때, 대단히 중요한 프레젠테이션을 맡게 되었지. 한 달을 치열하게 고민한 결과물을 클라이언트에게 선보이는 자리를 앞두고 나는 자신만만했다. 지금은 이렇게 말하기가 몹시 부끄럽지만 당시 나는 프레젠테이션을 잘한다고 생각했거든. 사장은 연신 고개를 끄덕였고 그분의 눈과 프레젠터인 나의 눈이 허공에서 마주칠 때마다 핑크빛 신뢰의 모스 부호가 빛과 같은 속도로 내게 전달되는 듯했어. 역시! 나의 예상과 계산이 틀리지 않았다고 확신했지. 이제 돌아가서 '그 회사로 결정했습니다'라는 전화를 기다리는 일만 남았군. 프레젠테이션이 끝나고 만장의 박수가 터져 나왔다. 사장이 만면에 웃음을 띠고 내게 악수를 청했어. "프레젠터가 말씀을 너무 잘하시네요. 정신 바짝 차리지 않으면 홀딱 넘어가겠어요." 호탕하게 웃으시며 나를 향해 엄지까지 세워 보이시더군.

어떻게 됐을 것 같아? 맞아. 기대한 승전보는 오지 않았어. 프레젠테이션 반응이 그렇게나 좋았는데 도저히 이해할 수 없는 결과라며 소주잔을 기울이던 우리 중 몇은 음모론을 제기하며 억울해했지. 물론 그 프레젠테이션이 왜 실패했는지 정확한 이유는 지금도 알 수가 없다. 하지만 나는 그 후로 오랫동안 그 실패를 마치 화두처럼 붙들고 생각해왔어. 클라이언트와 프레젠테이션에 대해서.

프레젠테이션에는 클라이언트를 바라보는 두 가지 태도가 있다고 생각했다. 태도 1은 클라이언트를 주님으로 대하는 것인데 현실적으로 갑을관계를 인정하고 스스로 전제하는 거지. "이러이러한 아이디어들을 열심히 생각해왔는데 주님이 보기에 어떠신가요?"라는 거지. 주님의 "별론데?" 한마디에 모든 수고가 헛되지 않게 하려면 눈치도 봐야 하고 아부와 접대도 필요하다는 태도. 아이디어에 대한 클라이언트의 동의와 승인 없이는 세상에 선보일 수 없는 것이 우리가 하는 일의 숙명이니 어떻게든 칼자루를 쥔 자의 마음에 들기 위해 온갖 노력을 아끼지 않으려는 태도. 그래야 회사의 비즈니스를 지속할 수 있으니까. 크리에이티브니 완성도니 하는 것도 주님한테서 '좋아요'를 획득하지 못하면 그야말로 공염불에 지나지 않으니까.

태도 2는 클라이언트를 적으로 보는 태도다. 프레젠테이션을 일종의 전투로 보고 상대방을 가능한 한 예측하려는 것이 태도 2의 핵심이지. 클라이언트는 광고회사의 프레젠테이션을 믿지 않는다고 믿는 태도. 속지 않기 위해 들어오는 클라이언트와의 한판 승부. 그렇다면 우리가 준비한 전략과 크리에이티브를 어디서부터 시작해서 어디를 거쳐 설득해야 이것이 최선임을 이해하고 우리 손을 들어줄까? 주님이니 갑을이니 하는 말을 농담으로라도 싫어하는 나는 태도 2가 태도 1을 극복한 거라고 생각했어. 그런데 말이야. 곰곰이 생각해보니 태도 1도, 태도 2도 다 내 일의 중심을 남에게 두는 것이더라. 어쩌면 앞에서 예로 든 실패한 프레젠테이션에서 클라이언트인 사장은 내게서 일 자체에 진정으로 몰두하는 모습보다 자기를 어떻게든 설득하려는 현란하나 허황한 말솜씨만을 본 게 아니었을까. 남이라는 과녁은 아무리 맞히려 해도 맞힐 수 없을뿐더러 남 보기에 좋도록 맞춰가는 것이 내 일의 핵심은 아닌데 말이지.

아이디어를 업으로 가진 자로서 남에게 인정받고자 하는 욕망을 부정할 수야 없지. 아주 많은 경우에 무엇보다 강력한 동기 부여가 되기도 하니까. 하지만 동시에 자신을 경계할 필요도 있다고 생각해. 남들의 인정은 결과적으로 얻어질 수도 있는 무엇일 수는 있겠지만, 우리가 일하는 모든 과정과 성과가 남에게 보여주기 위한 것은 아니지 않을까? 다시 회의실을 떠올려보자. 이따금 우리는 이런 느낌을 받게 되지. '아, 저 사람은 정말 그렇게 생각해서 말하고 있는 게 아니구나. 이 자리에서 뭔가 자기 존재에 초조감을 느끼거나 아니면 과시하고 싶어서 말을 위한 말을 하고 있구나.' 자기 자신 안에서 나오는 말이 아니라 남들에게 깊이 있어 보인다는 인상을 주는 게 중요한 말. 그래서 그 자신 말고는 아무에게도 중요하게 다가오지 않는 말.

책을 내고 싶다고 했지? 자기 이름으로 된 책을 내고 싶다고. 비슷한 경우들에서 다들 똑같이 말하더라는 사실이 내겐 흥미롭더라. 무엇에 관한 책인지, 구체적이어야 할 그 무엇이 빠져 있어. 우리가 뮤지션이라면, 그래서 음반을 내고 싶다면 무엇을 해야 할까? 자기 이름으로 된 음반을 내고 싶다고, 그러려면 어떻게 하는 게 좋겠냐고 남에게 물어야 할까? 설령 그래서 음반이 나온들 과연 거기에 오직 나만이 들려줄 수 있는 음악이 담겨 있을까? 네가 지금 해야 할 일을 더 잘 해내려고 노력하는 과정에서 구체적인 성취와 구체적인 실패를 네 안에서 차곡차곡 쌓아간다면 언젠가 너의 말이 책이라는 결과로 세상에 드러나게 될 거야. 그 책에 담긴 너의 말들은 이 세상 누구도 아닌 오직 너만의 목소리겠지. 아마도 그때의 너는 책을 내고 싶은데 무엇을 어떻게 하면 좋겠냐고 누구에게도 묻지 않을 거야.

　이따금 '책이 뭐라고' 싶은 심정이 될 때가 있다. 잘 살기
위해 그리고 일을 잘하기 위해 잘 읽는 것이 중요하긴 하지만,
책이 그 자체로 목표가 되어선 곤란하다고 생각해. 책은 방편
이고 수단이라는 걸 잊지 말자. 책을 내고 싶다는 마음도 내려
놓고 책에 둔 시선도 잠시 거두어서 밖을 보자. 앙드레 지드가
책으로 읽을 게 아니라 맨발로 직접 느껴보라는 저 바닷가의
모래는 책 밖에 있으니 말이다. 나의 맨발로 느끼는 바닷가의
모래, 다음 주까지 멋지게 해내야 할 우리 팀의 프로젝트, 오늘
오후 2시의 회의를 위한 나의 준비, 그런 것들이 책보다 언제
나 더 중요하다고 나는 믿는다.

어른답게
일한다는
것

어른의
일

무솔리니는 최후에 애인인 클라라와 함께 총살을 당하고, 시체는 광장에 공개되었대. 군중이 그 시체를 향해 침을 뱉고 매질을 하기도 하고 그러다가 시체를 거꾸로 매달게 되었는데, 클라라의 치마가 뒤집혔지. 군중들은 굉장히 즐거워했대. 죽여준다, 속옷이 흰히 다 보인다 하며 흥분했겠지. 어느 시대건 그러기 마련이지. 남자들이란. 아니, 여자들도 그랬겠지. 그런데 그때 한 사람이 손가락질을 받아가며 사다리를 타고 올라가서 치마를 올려주고 자신의 허리띠로 묶어서 뒤집히지 않도록 해줬대. 무섭지 않았을까? 네놈은 저 여자를 편드는 거냐, 하며 욕설을 퍼붓고 폭력을 휘두른다 해도 아무 말도 할 수 없는 상황이 아니었을까. 미츠요 씨는 소중한 물건에 숨을 불어넣는 듯한 말투로 말했다. 사실 나는 늘 최소한 그런 사람이 되고 싶다는 생각을 해.

- 이사카 코타로 지음, 김소영 옮김, 《마왕》, 웅진지식하우스, 2017

"가자!"가 일요일 새벽의 알람이었다. 목욕탕에 가자는 아버지의 그 호출에는 꿀맛 같은 늦잠을 자고 싶은 어린 마음에도 거역하고 싶지 않은 뭔가가 있었다. 빨간 얼굴이 되어서 먹었던 하얀 계란이 물론 맛있는 유혹이기는 했으나, 나는 쓸데없이 조숙한 아이였다. 중학생 때까지 계속되었던 아버지와의 그 목욕탕 나들이에서 내가 가장 좋아했던 순간은 매표소 앞에 도착했을 때다. 목욕탕 문을 열고 들어서면 왼쪽은 남탕, 오른쪽은 여탕을 가리키는 단호한 화살표가 있었는데, 그 결정적 갈림길의 정중앙에 난 작은 창이 매표소였다. 아버지는 낮고 굵은 목소리로 "어른 하나, 국민학생 하나요"라고 말씀하셨다. 가격표에는 분명 대인 얼마 소인 얼마 식으로 쓰여 있었던 것 같은데, 기억 속의 아버지는 언제나 당신을 어른이라 칭하셨다. 어린 나는 그게 참 좋았다. 어른이라는 말이.

몇 살부터가 어른이고 몇 살까지가 어린이인 걸까? 민법상 성년은 19세부터이고, 영화와 게임 관련 성년은 18세부터이며, 형법상 미성년은 14세 미만을 말하지. 그런데 이 기준도 나라마다 또 달라서 우즈베키스탄에선 16세, 이집트에선 21세,

스코틀랜드는 16세, 북한은 17세부터 성인이래. 근데 성인 말고 어른이라면 얘기는 달라지지. 70 노인이 노인정 가지 않는 이유를 다들 알지 않는가. 막내라서 커피 심부름 하는 게 싫어서라는. 우리 사회에서 어리다는 건 나이가 나보다 적으면 아직 애, 나보다 많으면 어른이라는 얘기지. 나이 한 살 차이에도 그렇게 엄격하게 따지는 사회에서, 정작 어른다운 어른을 찾기 어려운 건 씁쓸한 일이야.

대통령이 되겠다는 분들이 어린 사람들의 마음을 얻고 싶어서였을까? 가죽점퍼에 선글라스를 쓰고 틱톡 영상을 올리거나, 롤린 댄스를 추거나, 평생 안 하던 SNS를 시작하거나. 공통점은 하나같이 못 봐주겠다는 것. 누가 옆에서 저런 조언을 하는 건지 아니면 제대로 된 조언자가 없기 때문인지는 모르겠으나, 내 주변에서 좋은 반응은 찾기 힘들었다. 왜 그럴까? 어린 사람들을 흉내 낸다고 어린 사람들의 마음을 얻을 수 있는 게 아니다. 조용필이 BTS를 존중한다고 해서 BTS 흉내를 내면 어떻게 되겠는가. 어른으로서 해야 할 일을 구체적으로 실천하는 것, 그게 어른이 할 일이다. 설령 그로 인해 어린 사람들의 마음을 얻을 수 없다고 해도. 김상현이라는 정치인이 있었다. 그분이 돌아가셨을 때 신문에 실렸던 추모 기사의 한 부분을 오래 기억하고 있다. 그는 배신이란 단어를 유독 싫어했다고 한다. 자기에게 신세를 진 사람이 뒤통수를 쳤을 때 누가 와서 저 사람이 당신을 배신했다고 하면 '그런 말 하지 마라, 내가 부족해서 나를 떠난 거니 배신한 사람은 오히려 나'라고 말했다는 것이다. 거짓말일 수도 있다. 위선일 수도 있다. 그도 한 인간으로서 얼마나 서운하고 속상했겠는가. 하지만 한번 생각해보자. 거짓이든 위선이든 아니 연기라 한들, '배신한 사람은 그가 아니라 나'라고 말하는 건 결코 쉽지 않다. 이를 악물고서라도 남 탓하지 않고 오직 나에게서 원인을 찾는 것, 그게 어른이 할 일이다.

US 오픈에서 욘 람이 우승했다. 그는 경기가 잘 안 풀리면 욕을 하거나 골프채를 집어던지는 등 감정을 다스리지 못하는 선수였다. 아들이 태어났고, 어느 날인가 캐디와 진지하게 대화를 나눴다고 한다. 아들 케파에게 어떤 아버지가 되고 싶은가에 대해서. 심리적으로 큰 변화가 일어났다고 그는 말했다.

아버지가 되고 맞은 첫 번째 아버지의 날에 US 오픈 챔피언이 된 후 인터뷰에서 한 말이다. 욘 람은 아들의 눈에 비칠 아버지로서 자기를 생각했던 것이다. 우리가 메타인지라고 부르는 자기 인식과 비슷한 것이리라. 자기가 사랑하는 사람의 눈으로 자기 자신의 언행을 성찰하는 것, 그게 어른이 할 일이다.

드라마 〈전원일기〉에 출연했던 김혜정이라는 여배우가 어느 인터뷰에서 말했다. "사람에게 기대지 않고 제 등뼈에 기대요." 나는 그 생각과 표현에 깜짝 놀랐었다. 굳이 여배우라고 소개한 이유는 우리 사회에서 일반적으로 나 같은 남자들이 더 집단에 휩쓸리는 경향이 있다는 걸 떠올려보고자 해서다. 고등학교 동문이다, 같은 고향 출신이다, 대학교 선후배 사이다 하는 집단의 아이덴티티를 자기 정체성보다 앞세워 쉽게 휩쓸리는 걸 경계할 필요가 있다고 생각한다. 《마왕》에 나오는 저 바람과 비슷한 마음이리라. 광장에서 뒤집힌 채 조롱받는 여인의 치마를 묵묵히 바로잡아주는 사람, 적어도 그래야 한다고 생각은 하고 사는 사람, 나도 미츠요 씨 같은 사람이 되고 싶다. 휩쓸리지 않고 내가 옳다고 생각하는 걸 하는 것, 그

직급 높은 리더만 어른인 건 아니다. 아무리 작더라도 우리는 모두 자기 일의 리더다. 어른답게 일해야 한다. 자기가 맡은 일의 책임으로부터 도망치는 건 어른이 할 일이 아니다. 당장은 이해받지 못하지만 꼭 필요한 쓴소리와 악역조차 결코 마다하지 않는 것, 그게 어른이 할 일이다.

게 어른이 할 일이다.

광고 만드는 일의 핵심이 아이디어를 내는 것, 즉 발상이라고 생각하기 쉽지만 실은 판단이 전부다. 제품의 장점을 중요하게 볼 것인가 아니면 타깃의 라이프 스타일을 중요하게 볼 것인가 판단하고, 아이디어 회의를 어떻게 진행할 것인가 판단하고, 감독이 할 일인가 제작팀이 할 일인가 판단하고, 편집실과 녹음실은 어디로 할 것인가 판단하고, 두 번째 컷을 뺄 것인가 말 것인가 판단하고, 마지막 부분에 카피 한마디를 넣을지 말지 판단하고, 음악을 이걸로 할지 저걸로 할지 아니면 다른 음악을 더 찾을지 판단하고, 프레젠테이션을 누가 할 것이며 결론부터 제시할지 흥미로운 트렌드에서 시작할지 판단하는, 판단의 연속이 일이다. 유능한 광고인이란 그 판단이 명쾌하고 빠르고 설득력이 높다는 말이 된다. 더 나은 광고인으로 성장한다는 건 그 판단이 점점 좋아진다는 의미다. 그런데 일을 하다 보면 판단해야 할 것을 판단하지 않는 경우를 보기도 한다. 플래너가 전략을 판단하지 않고, 크리에이티브디렉터가 아이디어의 우열을 판단하지 않고, 카피라이터가 카피의 판단을 광고주에게 맡긴다. 아마도 그것을 유연한 태도로 여기는 것 같다. 하지만 아니다, 도망치는 것이다. 일의 모든 판단에는 리스크가 있기 마련이고 그에 따른 책임이 있다. 그 책임으로부터 도망치는 것이다. 직급 높은 리더만 어른인 건 아니다. 아무리 작더라도 우리는 모두 자기 일의 리더다. 어른답게 일해야 한다. 자기가 맡은 일의 책임으로부터 도망치는 건 어른이 할 일이 아니다. 당장은 이해받지 못하지만 꼭 필요한 쓴소리와 악역조차 결코 마다하지 않는 것, 그게 어른이 할 일이다.

프레젠테이션 전에 떨리지 않냐고, 중요한 프로젝트에서 프레젠터를 맡은 후배가 내게 물었다. 단 한 번도 떨어본 적 없다고 답했다. 이건 웅변대회가 아니지 않냐, 누가 더 말 잘하는가 겨루는 오디션이 아니지 않냐, 함께 준비한 걸 내가 전달할 뿐이라는 일의 본질을 정확히 이해하지 않냐, 그렇다면 긴장하거나 떨린다는 건 난센스라고도 말했다. 후배에게 어떻게든 힘을 주기 위해서라면 거짓말쟁이가 되기도 하는 것, 그게 어른이 할 일이라고 그 순간 나는 생각했던 것 같다.

보이는 게
다일지 몰라

나방은 자신에게 주어진 네모 칸 귀퉁이로 열심히 날아가서 잠시 머물다가 다른 귀퉁이로 날아갔다. 그다음에는 무슨 일을 할 수 있을까? 세 번째 귀퉁이, 네 번째 귀퉁이로 날아가는 일밖에는. 초원은 넓고 하늘은 광활한데, 저 멀리 집들에서 연기가 피어오르는데, 먼바다에서는 이따금 증기선의 낭만적인 소리가 들려오는데 나방이 할 수 있는 일이라곤 그것밖에 없었다. 그리고 그는 자신이 할 수 있는 일을 했다.

- 버지니아 울프 등 지음, 강경이 옮김, 박지홍 편, 《천천히 스미는》,
〈나방의 죽음 - 버지니아 울프〉, 봄날의책, 2016

장 자끄 상뻬가 보들레르의 시에서 제목을 가져온 일러스트 작품집 《사치와 평온과 쾌락》을 좋아한다. 따뜻하고 유머러스한 그림 한 장 한 장을 넘기며, 나는 신께서 인생에 딱 세 가지 갖고 싶은 걸 주겠노라 하신다면 사치와 평온과 쾌락을 말하리라 뜬금없이 결심했다. 다 갖겠다는 욕심을 욕심 없는 양 포장해서 보이고 싶어 한 내 심보를 고약하게 보셨을까? 사치와 평온과 쾌락이 동시 구현되는 삶이란 그렇게 쉬이 허락되지 않는 것처럼 보였다. 그런데 문득 이런 생각이 드는 거다. 어쩌면 대단한 사치와 평온과 쾌락을 기대하느라 내 삶에 이미 깃들어 있는 사치와 평온과 쾌락을 못 보는 건 아닐까, 하는.

오랫동안 나의 사치는 만년필이었다. 폴로셔츠의 두 번째 단추와 세 번째 단추 사이에 파카 만년필을 사선으로 꽂는 것이었다. 회의실이나 엘리베이터는 물론이고 점심을 먹는 순두붓집이나 맥줏집 테이블의 노가리 앞에서도, 늦은 밤 지하철 손잡이를 잡고 있을 때도, 파카의 화살촉은 어김없이 45도로 셔츠를 가르고 있었다. 종종 흰색 셔츠에 검푸르게 잉크가 번져 몇 번 입지도 않은 옷을 버리기도 했지만 그딴 건 아무것도 아니었다, 일을 잘할 수만 있다면.

어느 날 선배가 자판기 앞에서 물었다. "근데 조끼는 왜 입어?" 더운 날씨라 간편하게 입었으면 됐지 뭐하러 조끼까지 입느냐는 것이었다. 조끼 입는 걸 유난히 좋아해서 반소매 셔츠 위로도 즐겨 입던 시절이었다. 밀크커피가 든 종이컵을 어정쩡하게 든 채로 나는 얼른 대답하지 못했다. "홍시 맛이 나서 홍시라 하였는데 어찌 홍시냐 하오시냐"며 난감해하던 장금이의 심정이 그랬으려나? 셔츠에 없는 주머니가 조끼엔 있다는 둥, 담배 넣고 다니기에 좋다는 둥 산만한 얘기를 늘어놓았다.

좋아하는 대상이 사물이든 사람이든 내가 좋아하는 이유를 선명하게 안다는 건 사실 어려운 일이다. 그때는 몰랐고 지금은 안다, 내가 셔츠 위에 조끼를 입는 진짜 이유를. 내가 나의 베스트로 보인다고 생각할 때 일에서 나의 베스트가 나온다는 믿음, 그거다. 그렇게 말하면 꼭 '네가 그런다고 정우성 되냐' 묻는 이가 있다. 내가 의도하는 건 '나의' 베스트지 월드 베스트가 아니라고 보살의 마음으로 말해주면서도, 그 설명으로 이해가 됐으리라 기대하진 않는다. 스트라이프 양말을 신는 것도, 카멜 브라운 구두를 신는 것도, 드레스셔츠를 입을 때 웬만하면 넥타이를 매는 것도, 크리스털 그레이 컬러의 안경을 쓰는 것도, 실은 다 나의 베스트 컨디션을 만들어 일의 베스트를 만들어보려고 하는 짓이다. 그날 그렇게 대답했다면 선배는 뭐라고 했을까? 우린 영혼의 파트너가 되었을지도 모를 일이다. 그는 배가 나오지도 않았는데 벨트 없이 언제나 서스펜더를 멋지게 소화하던 사람이었으니 말이다.

우리는 흔히 외양이 뭐가 중요하냐, 정작 중요한 건 내면이 아니냐고 쉽게 말한다. 하지만 남의 내면을 볼 줄 아느냐고 묻는다면 어떨까? 나는 차마 그렇다고는 대답 못 하겠다. 나는 겉을 보겠다. 겉은 보이지만 안은 보이지 않으니까. 보이지 않는 안을 꿰뚫어 볼 능력이 내겐 없다. 안에 있는 뭔가는 어떻게든 겉에 드러나 있다고 나는 믿는다. 문제는 내게 그걸 읽어낼 능력이 있는지다. Beauty is in the eye of the beholder, 그러니까 아름다움은 보는 자의 눈에 달렸다고 하지 않던가. 겉으로 보이는 것 중에서 무엇에 주목할지 판단하는 것도 나이고, 거기서 무엇을 읽어낼지 뽑아내는 것 역시 나다. 그렇다면 보이지도 않는 안을 들여다보겠다고 애쓸 게 아니라, 겉으로 빤히 보이는 것들을 내가 과연 제대로 보는지 스스로 묻는 것이 우선되어야 하지 않을까? 또한 겉은 중요하지 않다고 외치면서 나의 내면에 가득 찬 진정성을 왜 몰라주느냐고 징징대지 말고, 드러나 보이는 나를 상대의 눈으로 먼저 바라볼 필요가 있지 않을까? 내 외양의 스타일과 태도와 표정과 목소리를 그렇게. 내면에 충만한 의욕 말고 겉으로 드러나 보이는 일의 결과물을 그렇게.

중요한 것은 눈으로 보이지 않는다고, 분명 여우가 어린 왕자에게 말했지만 나는 그 말 바로 앞에 있는 이 문장을 더 깊게 기억해두고 싶다. "내 비밀은 이거야. 아주 간단해. 마음으로 보아야만 잘 보인다." 내가 《어린 왕자》에서 가장 좋아하는 대목은 같은 챕터에 있는데, 이별의 시간이 다가왔을 때 넌 아무것도 얻은 게 없지 않냐는 어린 왕자의 질문에 여우가 대답하는 장면이다. "얻은 게 있지. 저 밀밭의 색깔이 있으니까." 밀밭의 색깔은 누구에게나 보이는 것이다. 보이는 게 다일지 몰라. 지금 네 눈앞에 보이는 사람이 다일지 몰라. 그 사람을 너는 정말 보고 있느냐. 그 사람의 눈빛을, 목소리를, 신발을 정말 마음을 다하여 보고 있느냐. 겉으로 보이는 것도 못 보고 안 보면서, 보이지 않는 내면은 무슨…. 여우는 어린 왕자 너머로 나에게 그렇게 말하는 것 같았다.

비 오던 날이었다. "비 올 땐 부추전에 막걸린데" 같은 싱거운 얘기를 하며 통닭집에 둘러앉아 소주 한잔하던 저녁이었다. '부추는 오신채다', '오신채가 뭐냐?', '마늘 같은 거다', '홍합이 그렇다던데?', '홍합은 부추나 마늘 같은 게 아니다', '맞다' 등등 덤앤더머 같은 논쟁을 하던 중이었다. 후배 심이 조용히 말했다. "홍합 말예요, 그 색깔을 보세요. 너무 예쁘지 않나요?" 좌중은 그 말에 빵 터져 그 저녁 내내 심을 홍합 선생이라 부르며 웃었다. 그런데 심은 사뭇 진지했다. "진짠데…" 혼잣말을 하면서. 통닭집의 심이 아니었다면 난 정말 큰일 날 뻔했다. 홍합이 예쁘다는 걸 내내 모르고 살 뻔했으니 말이다. 예뻐도 예쁜 줄 모르고, 아름다워도 그 아름다움을 보지 못한 채 살면 안 되는 거 아닌가? 밉고 싫고 괴로운 것들에만 주목하다가 지치면 안 되는 거 아닌가? 아름다운 건 홍합처럼 그렇게 빤히 보이는 자리에 늘 있는데 보지를 못하고 살면 안 되는 거 아닌가?

　광고는 여러 직종의 사람들이 함께 만드는 일이다. 유독 광고라는 일만 그렇지는 않을 것 같다. 무슨 일을 업으로 하든 인간이 하는 일 중에 자기 혼자 온전히 다 하는 건 없다. 카피라이터는 카피라이터의 일을 하고 아트디렉터는 아트디렉터의 일을 하며 광고주는 광고주의 일을 한다. 그렇게 다 다른 일을 하는 것 같지만, 어쩌면 다 같은 일을 하고 있는 게 아닐까? 동료에게 자신의 베스트를 보여주고, 서로에게서 최선을 읽어내는 것. 남들이 보기엔 그것이 세 번째 귀퉁이에서 네 번째 귀퉁이로 날아가는 나방처럼 심상해 보일지라도, 보이는 것을 보고 할 수 있는 일을 하는 것이다. 초원은 넓고 하늘은 광활한데 저 멀리 집들에서 연기가 피어오르고, 먼바다에서 이따금 증기선의 낭만적인 소리가 들려오더라도.

일인분과
사표

두 번은 없다. 지금도 그렇고
앞으로도 그럴 것이다. 그러므로 우리는
아무런 연습 없이 태어나서
아무런 훈련 없이 죽는다.

반복되는 하루는 단 한 번도 없다.
두 번의 똑같은 밤도 없고,
두 번의 한결같은 입맞춤도 없고,
두 번의 동일한 눈빛도 없다.

- 비스와바 쉼보르스카 지음, 최성은 옮김, 《끝과 시작》, 〈두 번은 없다〉 중 일부,
문학과지성사, 2016(개정판)

서울에 올라와 가장 먼저 놀란 것은 밥공기였다. 서울이라 딱히 달랐던 것은 아닐 테고, 고등학교 시절까지는 집에서 밥을 먹고 다니다가 대학을 서울로 오면서 본격적으로 식당 밥을 먹게 되었는데 말하자면 그 시절의 집밥과 식당 밥의 차이였을 것이다. 밥공기가 시골집에 비하면 3분의 1이 될까 말까 했다. 끼니마다 고봉으로 꾹꾹 눌러 담아주시고, 그것도 모자라 그 많은 밥을 거의 먹어가면 기다렸다는 듯이 밥을 한 주걱 더 퍼 오셔서 밥그릇이 바닥을 드러내기 전에 묻지도 않고 채워주시던 어머니 생각이 나 혼자 웃던 스무 살이었다. 요즘 나는 집에서 작은 막걸릿잔을 밥공기로 쓰고 있는데, 실로 격세지감을 느낀다.

카피라이터로 회사에 들어가서 놀랐던 일 중 하나는 밥을 먹으러 차를 타고 제법 멀리까지도 간다는 것이었다. 어려운 프로젝트로 고생하는 후배들을 위로해주고 싶어 하는 선배들이 이따금 밥을 먹자며 우리를 차에 태워 한적한 교외로 데리고 갔다. 산기슭 어느 평상에선 푸짐한 닭백숙이 차려지기도 했고, 외관은 허름해 보이지만 한눈에도 요리의 내공은 단단해

보이는 중국집에서 난자완스니 유린기니 하는 이름만 겨우 들어본 근사한 안주로 식초처럼 생긴 이과두주를 낮술 삼아 홀짝이기도 했다. 한정식집이라는 곳도 그렇게 처음 갔는데 서양식 정찬처럼 코스로 끝없이 나오는 일인분의 양에 놀라 '어이구야'를 연발했던 기억이 난다.

카피라이터의 일이란 게 아홉 시에 딱 시작해서 여섯 시에 칼같이 끝날 수 있는 게 아닌지라 선후배 동료들과 늦게까지 회의를 하거나 아예 여관이나 호텔 방을 잡아 2박 3일쯤 합숙하며 아이디어에 골몰하기도 했는데, 축구 A매치나 야구 코리안 시리즈라도 있는 날엔 일 따위야 저만치 미뤄두고 정해진 일정인 양 TV 앞에 모여서 같이들 보곤 했다. 미드필드가 구멍이다. 오늘은 골키퍼가 두 명 몫을 하네. 4번 타자가 저렇게 제 역할을 못 해서야. 쯧쯧쯧 혀를 차고 침을 튀기며 열을 올리다가 누군가가 이런 얘기를 농담처럼 던졌다. 우리가 경쟁 피티 준비하는 걸 스포츠 중계하듯 카메라가 잡아 보여준다면 가관이겠다, 그치? 저 카피라이터 좀 봐. 왜 저리 쩔쩔매고 우물쭈물거려? 저 회사는 기획이 자신감이 없군 그래. 에이 저 정도는 아트가 마무리했어야지…. 뭐 그러면서들 보겠지? 음 하하하하.

좌중이 웃었고 내 입꼬리도 어색하게 웃고는 있었지만 어리바리 초짜였던 나는 왠지 서늘한 기분이었다. 그 모호하고 뒷골 당기는 게 뭐였는지 오래 지나고 나서야 명료하게 알게 되었는데, 그건 일인분이라는 화두였다. 일에서의 일인분.

인간이 하는 일에 혼자 할 수 있는 건 없다. 어떻게든, 누구하고든 함께하게 되어 있다. 하지만 함께는 언제나 혼자의 합이다. 각각의 혼자가 자기 할 일을 잘하지 않고서 함께하는 일의 뛰어난 성과를 기대하기란 어렵다. 무엇보다 일에서 일인분을 못 하면 눈치를 보게 된다. 시키는 일만 겨우 하게 되고, 그조차 제대로 해낸 건지 스스로 알 수 없어 주눅이 든다. 생활에서도 의기소침해지고 일이 점점 재미없어진다. 비굴해지기 쉽고 비겁한 결정 뒤에 숨어 자기 합리화에 빠질 위험도 커진다. 자기 업무 영역의 전문성에서 그리고 자기 위치와 역할에서 일인분을 거뜬히 해내는 것은 그래서 중요하다. 일에서 눈치

보는 인간이 되면 삶에서 주체적이기가 몹시 어려워진다.

　카피라이터건 아니건 자기 업무에서 일인분을 해내는 수준까지 가능한 한 빨리 도달하는 것은 그래서 매우 중요하다. 내가 만약 내 분야에서 사원급의 연차라면 나의 목표는 그것이 되어야 한다. 일인분의 수준에 어느 정도 도달했다고 해서 끝난 건 아니다. 일인분은 역할과 직급에 따라, 때로는 프로젝트의 특성에 따라 달라지기 때문이다. 끊임없이 공부해야만 하는 이유다.

　일인분은 의외로 사표와도 관련된다. 동료이자 친구인 카피라이터 H가 그 증거다. 자기 업의 영역에서 일인분 이상을 너끈히 해내는 유능함에 도달하기 위해 치열하게 노력한 그는 구체적인 사안마다 자기 의견과 소신을 상대가 누구건 상관없이 최선을 다해 밝혔고 그러다가 꼰대 같은 사장과 여러 번 부딪혔다. H가 미련 없이 사표를 던졌을 때, 그에게 다음 행보의 계획 같은 건 전혀 없어서 나는 몹시 놀랐다. 몇 년 후 그다음 회사에서 불운하게도 임원으로서 자기가 감당해야 할 일인분 인간이 하는 일에 혼자 할 수 있는 건 없다. 어떻게든, 누구하고든 함께하게 되어 있다. 하지만 함께는 언제나 혼자의 합이다. 각각의 혼자가 자기 할 일을 잘하지 않고서 함께하는 일의 뛰어난 성과를 기대하기란 어렵다.

을 못 하고 있다고 스스로 느꼈을 때 H는 역시 사표를 던졌다.

가장이자 회사원으로서 자기 판단으로 사표를 던진다는 게 어떤 일인지 해본 사람은 안다. 백척간두에서 그야말로 허방을 향해 한 발을 내딛는 그 두려움이란. 그러나 H가 잘나갈 때나 그렇지 못할 때나 자기 일에서 일인분을 멋지게 해내는 사람이란 걸 누구보다 그 자신이 알았다. 그래서 H는 어려운 시절이 와도 힘들지언정 구차하지 않았다.

일은 살기 위해 하는 것이다. 자기 일을 잘해야 하는 건 자기 삶을 잘 살기 위해서다. 시인의 말대로 두 번은 없으니까. 두 번의 똑같은 입사도 없고, 두 번의 동일한 사표도 없다. 어디서 무슨 일을 하고 있건 간에 잊지 말아야 할 사실이다. 한 번뿐인 내 삶인데 누구의 눈치나 보고 의기소침한 채 주눅이 들어서야 되겠는가? 그러니 일하는 자라면 자신에게 물어야 한다. 함께하는 일에서 나는 지금 나의 일인분을 하고 있는가? 내가 있는 곳에서 내 위치와 역할에 합당한 일인분을 누구나 수긍할 만한 수준으로 해내고 있는가? 무엇보다 자신의 눈으로 자신의 일인분을 긍정할 때 우리는 비로소 당당해질 수 있다.

H는 지금 또 다른 광고회사에서 새로운 삶을 열정적으로 써가고 있다. 물론 일인분 이상을 충분히 해내면서 말이다. 그곳에서 커지고 높아진 일인분의 몫을 제대로 하지 못한다고 자기 스스로 판단하는 날이 혹시라도 온다면, H는 마음속 두려움을 내색하지 않으며 또다시 씩씩하게 사표를 던질 것이라고 나는 믿어 의심치 않는다.

걱정하는 자와
민주주의자

자기 자신과 투쟁했고, 그리고 그게 다였다. 달라진 것은 없었다. 그러나 그 사람은 정말 그대로였을까. 어쩌면 살 냄새, 땀 냄새, 눈물 냄새를 풍기며, 이전에 있던 자리와는 다른 곳을 향해 환형동물처럼 조금씩 이동을 하지는 않았을까.

- 김소연 지음, 《시옷의 세계》, 마음산책, 2012

친한 후배가 담당 클라이언트를 잃게 생겼다며 조언을 청해왔다. 여러 해 동안 일을 잘해왔는데 갑자기 경쟁 프레젠테이션을 통해 광고회사를 새로 정하겠다는 통보가 왔고, 이러이러한 방향으로 광고안을 준비해달라는 오리엔테이션까지 마쳤다는 것이다. 경쟁 프레젠테이션은 엄정한 기준에 따라 공정하게 진행될 것이고, 결과는 심사위원들의 다수결로 결정될 것이라고 했단다. 흔한 일이었다. 민주주의적 의사결정은 안전하다. 결정의 책임이 모두에게 분산되기에 결과의 책임 역시 특정인에게 귀착되지 않는다. 게다가 다수의 참여와 지지가 숫자로 남는다. 숫자는 객관과 공정의 상징이라, 숫자가 뒷받침된 해당 의사결정이 근사해 보이게 해준다. 용산공원이 상금까지 걸고 네이밍 공모를 통해 결정한 새로운 이름이 뭔지 아는가? 용산공원이다. 허무개그 아니냐 싶겠지만, 놀랍게도 실제 사례다. 아이디어의 의사결정에서 민주주의는 최선이 아니다. 그러나 비즈니스는 현실이고 그래서 어떻게 할 것이냐의 판단이다.

나는 후배의 얘기를 찬찬히 듣고 불리한 구도라고 봤다. 새로운 클라이언트에게 첫 제안을 하듯 준비하는 게 어떻겠느냐,

객관적인 설득력의 관점에서 전체 콘텐츠를 설계해 자신 있게 밀어붙이는 게 좋겠다고 말했다. 승부를 걸어야 한다는 관점에 후배도 동의하는 눈치였다. 나중에 후배에게서 연락이 왔다. 승전보였다. 그는 프레젠테이션을 이렇게 시작했다며 기쁨에 찬 목소리로 전해주었다. "준비해달라고 하신 대로 준비하지 않았습니다. 이 제품의 커뮤니케이션이 어떠해야 하는지 저희가 생각하는 대로 준비했습니다." 겸손하게 클라이언트의 요구와 입맛에 맞춰 프레젠테이션을 준비하고 겸허하게 결과를 기다렸어도 승전보를 들을 수 있었을까? 나는 아니라고 생각한다.

함께 일을 도모해가다 보면 민주주의자들만큼이나 꼭 만나게 되는 이들이 걱정하는 자들이다. 걱정하는 자는 겸손하다. "이 솔루션은 좋은데 판매에는 큰 플러스가 안 될 듯싶어서 걱정이야. 그래서 꼭 바꾸자는 건 아니야. 한번 생각해보자는 말이지." 그렇게 겸손하다. "이 아이디어는 새롭다는 면에선 참 좋은데 이전까지 해왔던 커뮤니케이션과 연속성이 없다는 게 걱정이야. 뭐 그렇다고 해서 나쁘다는 건 아니야." 그렇게 겸손하다. 회의실에서 모두가 그렇게 걱정 하나씩을 테이블에 올려 놓기 시작하면 나는 슬슬 초조해진다. 그 모든 걱정을 껴안고 프로젝트를 진전시킬 방도는 애당초 있을 수가 없다. 걱정하는 선의는 이해하나 의도가 선하다고 해서 선한 결과가 보장되지는 않는다. 더구나 결정을 해야 하는 책임 높은 사람이 걱정을 겸손하게 꺼내는 순간, 아이디어의 현재 좌표는 순식간에 영안실 입구이거나 최소한 중환자실이 되어버린다. 그래서 나는 걱정하는 자의 겸손을 존중할 수 없다. 결정을 눈앞에 두고 걱정에 대처해야 하는 상황에서 걱정의 선의를 존중만 하다가는 일의 진도가 나가지 않는다. 기껏 힘들게 쌓아온 공든 탑이 와르르 무너지는 상황을 무력하게 추인해선 안 된다.

일의 현장에서 민주주의자나 걱정하는 자를 맞닥뜨리게 되는 순간, 나는 생각한다. '아, 싸워야 할 때로구나!' 길거리에서 주차 시비 같은 것으로 서로 언성을 높이다가 멱살을 잡기도 하는 그런 싸움이 아니다. 전략적인 대응을 말하는 것이다. 상대가 누구냐, 판세가 어떠하냐, 나와 우리는 상대에게 얼마만큼 신뢰받는 화자냐, 일의 목적과 목표에 어느 정도 마이너

스가 되는 의견 또는 지시냐 등에 따라 다 다르게 싸워야 한다. 《손자병법》에 전승불복(戰勝不復)이란 말이 있다. 같은 방법으로 또 이길 순 없다는 뜻이다. 상대에 따라 여우가 되어야 할지 곰탱이가 되어야 할지 판단해야 한다. 형세를 보고 비장해야 할 때인지 명랑해야 할 때인지 알아차려야 한다. 그 와중에도 왜 싸우는가를 결코 잊어선 안 된다. 일이 되게 만들기 위해 어떻게 할 것인가의 문제니 말이다. 그러므로 싸우는 자는 유연해야 한다.

실은 나도 정말 매 순간 모르겠다. 마케팅의 구루들이 멋지게 설파하는 수백 가지 법칙을 아무리 읽어봐도 현실의 비즈니스 순간에는 언제나 새롭게 모르겠다. 아이디어의 우열과 성패를 다수결이나 여론조사에 맡기려는 민주주의자들에게 그러시면 안 된다고 말해야 할까? 마음을 다해 설득한다면 통할 수도 있을까? 걱정하는 자들의 그 걱정을 이해한다고 해서 아이디어가 꼭 산으로 가는 건 아닐 수도 있을까?

그렇게 모를 때마다 생각한다. 내 위에 있는 사람이 아니라 내 뒤에 있는 사람을. 내 뒤에서 나를 보는 사람, 나의 후배들에게 지금 내 판단은 설득력이 있는가? 그 관점에서 판단을 내리는 게 결과적으로 나는 좋았다.

일을 해오면서 숱하게 봤다. 걱정하는 것으로 뭔가 똑똑한 기여를 했다고 착각하는 사람들 말이다. 짚어볼 문제들이야 당연히 따져봐야 하지만, 대부분의 걱정이 일의 목적에 대한 깊이 있는 이해 없이 하품 나는 원론을 즉흥적으로 늘어놓는 것들이었다. 다수결이라는 민주적 방식의 의사결정을 경청이라든가 집단지성쯤으로 오해하는 사람들도 그렇다. 대의민주주의라는 정치 체제에서 다수결은 불가피한 결정 방식이겠으나, 아이디어 채택 같은 고도의 식견이 필요한 일에서 다수결은 무책임하고 어리석다. 하지만 일의 싸움에서 내가 옳다는 이유만으로 내가 이기는 건 아니다. 싸움은 어렵고 공부는 끝이 없다. 반면교사도 공부고 타산지석도 공부다.

이다음에 커서 뭐가 되고 싶으니? 아무도 더는 내게 그런 질문을 하지는 않는다. 하지만 나는 이다음에 커서 되고 싶은 게 있다. 권위가 아닌 품위의 인간이 그것이다. 일하는 자의 품위란 게 무엇이겠는가? 부조리한 상황에서도 포기하거나 지치지 않고 낑낑대는 안간힘. 고귀하지 않은 진흙탕에서도 꿋꿋한 의지와 비겁하지 않은 땀 냄새. 일이란 결국 목표를 잊지 않고 진전시켜 나아가는 매 순간의 분투이기 때문이다.

농담에도
방향성이 있다

존 버거의 어머니의 말이 또 떠올라요.

"존, 인생이라는 건 본질적으로 선을 긋는 문제이고, 선을 어디에 그을 것인지는 각자가 정해야 해. 다른 사람의 선을 대신 그어줄 수는 없어. 다른 사람이 정해놓은 규칙을 지키는 것과 삶을 존중하는 건 같지 않아. 그리고 삶을 존중하려면 선을 그어야 해."

해야 할 일과 해서는 안 되는 일 사이를 스스로 선 긋기. 그분들은 그 방식으로 스스로를 존중할 수 있었어요.

- 정혜윤 지음, 《인생의 일요일들》, 로고폴리스, 2017

"이모님, 여기 콩나물 좀 더 주세요!"

식당에서 이 소리를 들으면 나는 속으로 흠칫 놀라곤 한다. 물론 혼자만 남몰래 간직해온 아픔이기 때문에 놀랐음을 들키지 않으려고 나도 모르게 근엄한 표정을 짓게 되나 본데, 간혹 같이 삼겹살을 먹던 동료나 친구들한테서 고기 뒤집다 말고 무슨 또 쓸데없는 생각을 하느냐며 타박을 듣게 된다. 이모님이 만면에 자애로운 미소를 지으며 옆 테이블에 콩나물을 더 가져다주실 때 나는 A를 생각하지 않을 수가 없는 것이다. A는 일 잘하고 상황 판단 빠르고 자기 의견 제시에 똑 부러지는 카피라이터였다. 무엇보다 A에게 나는 믿고 따르는 선배였다. 선후배로서 우리 사이는 완벽했다. 내가 그 농담을 하기 전까지는 말이다. 큰 프로젝트를 준비하던 당시 회의실은 중압감에 짓눌려 깨지기 직전의 유리 같았다. 아무도 입을 떼지 않던 회의실에서 나는 후배들을 보며 말했다.

"A 이모님이 먼저 얘기해보는 게 어때?"

맙소사! 이모님이라니! 후배들의 긴장을 풀어줘야 한다는 책임감이 부른 대참사였다. 그렇지 않고서야 평소에도 쓰지 않는 표현을 농담이랍시고 그것도 회의실에서 했을 리 만무하니 말이다. 그때나 지금이나 맹세코 식당 같은 곳에서 '이모님'이라는 호칭을 단 한 번도 써보지 않았을뿐더러, 그런 유사가족적 호칭에 오히려 문제의식을 느끼던 나였다. 그러나 어쩌랴. 실로 말은 마음을 배반한다. 지금도 기억에 선명한 건 그 말을 했을 때 웃고 있던 건 그 회의실에서 오직 그 말을 한 사람 하나뿐이었다는 사실이다.

회의가 끝난 후 A가 나를 찾아왔다. 왜 그런 말을 한 거냐고 물었다. 후배들한테 이모뻘 아니냐고, 긴장을 풀어주려고 농담한 거라며 내가 어물쩍 말했을 때 A의 얼굴이 흙빛으로 변해가던 걸 지금도 잊을 수 없다. 농담이라면 재미있으라고 한 거냐, 난 재미도 없고 기분만 상했는데 그게 무슨 농담이냐, 뭐 그런 얘길 내게 했던 것 같다. 아마도 그러면서 A는 내 진심이 담긴 사과를 원했으리라. 어제오늘의 일이었다면 내 실수에 즉각 사과했을 텐데 지금보다 만 배는 더 어리석었던 그때의 나는 또 한 번의 만회 찬스를 허무하게 날려버렸다. 그렇게 사과인 듯 사과 아닌 사과 같은 어정쩡한 사과를 하고 나서 더 이상의 문제는 없었지만, 그렇다고 좋은 후배 A와 이모님 이전의 관계로 다시 돌아갈 수도 없었다.

대부분의 우리는 일을 해서 밥을 번다. 밥을 벌자고 일하러 나온 일터에서 그러나 일만 하지는 않는다. 우리는 서로에게 농담을 한다. 개그맨이나 코미디언이야 남을 웃기는 일로 밥을 번다지만 그렇지 않은 일을 하면서 왜 군이 동료를 웃기려고 농담을 하는 걸까. 그런 질문을 한다면 아마도 한심하다는 표정과 함께 처음 보는 바보를 신기해하며 위아래를 한번 쓱 훑고 나서 "일을 더 잘하자고 그러는 거지"와 같은 명쾌한 답을 듣게 될 것이다. 그렇다. 우리는 일을 더 잘하려고, 또는 더 잘하라고 농담을 한다. 하지만 어디 말이 내 마음 같기만 할까. 의도를 배반하는 결과가 왜 이다지도 많단 말인가. 웃자고 한 농담 한마디가 때로 돌이킬 수 없는 상처를 주거나 관계의 파국을 초래하기도 하니 실로 어처구니없는 비극이 아닐 수 없다. 웃자고 하는 농담에 아무도 웃고 싶어지지 않는 참담한 아이러니!

광고라는 업은 관점에 따라 수많은 방식으로 정의할 수 있을 테지만, 브랜드나 제품의 장점에 집중해서 그 매력을 극대화하는 일이라고도 말할 수 있을 것이다. 광고 카피라이터로 30년 가까이 일해오면서 알게 된 것 중 하나는 어떤 브랜드나 제품도 완벽하게 장점만 있거나 세상의 모든 단점으로만 똘똘 뭉쳐 있거나 하지는 않다는 것이다. 사실 우리 존재 또한 그렇지 않은가? 완벽한 사람은 없다. 나는 그것이 타인이든 브랜드든 어떤 대상을 이해하려는 노력의 출발점이라고 생각한다. 그다음은 어디를 보느냐의 문제다. 앞서 말했듯이 광고는 장점을 찾아내어 뚫어지게 들여다보는 것이 일의 반이다. 나머지 반은 그걸 전달해야 할 타깃에 맞게 표현하는 것이다.

눈치챘겠지만, 광고의 시선처럼 농담을 하자는 말을 하고 싶은 것이다. 농담에도 방향성이 있다. 동료의 사소한 장점에 주목하는 농담, 사기를 올려주는 농담, 우리 일에 당신의 존재가 꼭 필요하다는 농담, 상대의 기여를 긍정하는 농담. 그런 방향성의 농담이야말로 우리가 일을 더 잘하는 데 진정 도움이 되지 않을까?

병아리 카피라이터 시절 어느 퇴근길이었다. 친한 선배와 지하철 의자에 나란히 앉아 그날의 회의들을 복기하며 재잘재잘 수다 꽃을 피우고 있었다. 그러던 중 선배의 공을 치켜세워주고 싶은 마음에 "나름 괜찮은 시도였어요!"라고 말했다가, 카피라이터라는 녀석이 '나름'이라는 말의 뉘앙스도 모른다고 얼마나 박살이 났던지…. 커뮤니케이션을 업으로 가진 자라면 말과 글에 충분한 전문성을 지녀야 한다는 문제의식을 선배는 내게 심어주고 싶었던 게다. 생각해보면 나를 말없이 평가만 하는 사람은 상사였고, 쓴맛 나게 가르쳐주는 사람은 선배였더라. 아무튼 그날 이후 내 사전에 '나름'은 없다. 농담으로라도 '나름'을 입에 올려본 적이 없다. 그렇게 나름 조심하며 살아왔는데 이모님이라니!

인간은 언어를 발명해냄으로써 만물의 영장이 되었으나, 바로 그 언어로 말미암아 예기치 못한 비극의 주인공이 되기도 한다. 마음을 온전히 담기에 말이란 실로 불완전한 것이기 때문이다. 그럼에도 우리는 타인과 더불어 뭔가를 도모할 수 있는 거의 유일한 수단이 말이라는 걸 인정해야 하지 않을까?

그러니 미련한 나여, 존 버거 어머니의 말씀대로 선을 긋자. 해서는 안 될 말을 농담이랍시고 해서는 안 된다고 분명하게 선을 긋자. 출근할 때 잊지 말고 마스크를 쓰는 거야. 솔직한 민낯 위에 가면을 쓰는 거지. 일터는 가정이 아니고 일로 만나는 모든 이는 결코 또 하나의 가족이 아니다. 우리는 일로 밥을 벌자는 것이니 그것은 프라이버시의 영역이 아니라 공공의 장임을 잊지 말자.

몽테뉴는 썼다. 목적지가 없는 뱃사공에겐 어떤 바람도 순풍이 아니다. 자, 나의 농담은 어디를 향하고 있는가? 상대를 깎아내리지 않는 방향, 상대가 행여라도 불쾌해하지 않게 하는 방향, 나를 낮추는 겸손한 방향, 할 수만 있다면 모두가 함께 고양되는 방향. 그 방향성이 위선이라고? 일터의 농담에서 필요한 건 솔직한 진술이 아니라 어쩌면 위선이다. 기가 막힌 농담의 달인이 아닌 바에야 위선에 최선을 다해봐야겠다고 나는 오늘도 다짐하며 회의실로 간다.

일을 왜 잘해야 하느냐고
묻는다면

중요한 것은 딱 한 잔이다. 그다음 잔들은 지리멸렬하게 흥청댈 뿐이다. 첫 잔은 목구멍을 넘어가기 전에 시작된다. 입술에서부터 벌써 이 거품 이는 황금빛 기쁨은 시작되는 것이다. 맥주를 들이켜면 숨소리가 나고 혀가 달싹댄다. 무한을 향해서 열리는, 믿을 수 없는 기쁨의 느낌. 동시에 우리는 알고 있다. 가장 좋은 기쁨은 벌써 맛보아 버렸다는 것을.

- 필립 들레름 지음, 정택영 그림, 김정란 옮김, 《첫 맥주 한 모금》, 장락, 1999

내가 최근에 개발한 놀이 하나를 소개하겠다. 미리 실토하건대 유치하고 사소한 것이니 일과 인생의 중대한 비밀을 엄중한 시선으로 찾는 사람이라면 이하 읽기를 생략하시라고 권하고 싶다. 자, 그럼 유치하고 사소한 놀이를 소개해보겠다. 누군가와 같이 뉴스를 보고 있다고 해보자. "아니 저걸 저렇게 처리하면 어떡하자는 거야!" 뉴스 화면에 대고 옆 사람이 버럭 한다. 기자와의 논쟁도 아니고, 그렇다고 대화는 더더욱 아니며, 딱히 혼잣말로 치부해버리기도 모호한 상황이다. 무엇보다 당신은 그 사람과 저걸 저렇게 처리하는 것이 옳은지 아니면 다른 방식의 사회적 논의가 바람직한지를 의논하고자 뉴스를 보고 있던 게 결코 아니다. 저녁이 있는 삶을 잠시나마 만끽하려 했거나 다음 주말 로맨틱한 나들이 계획을 세워보려는 참이었을 수도 있겠다.

바로 그럴 때 이 놀이가 적절하다. "아니, 왜 이렇게 화가 났어?"라고 리액션하는 것. '당신은 이 정도에 화를 낼 사람이 아니잖아'라는 뉘앙스를 잔뜩 담은 표정과 함께 진심으로 놀란 듯 최대한 눈을 동그랗게 뜨고(눈이 작은 나로서는 이 대목이 항상 어렵다) "왜 이렇게 화가 났어?"를 가벼운 랩처럼 빠르게 처리하는 게 포인트다. 당신의 그 또는 그녀가 운전을 하다가 흔하고 불쾌한 상황에 직면해서 굳은 얼굴로 무어라 토로할 때도 조수석의 당신이 눈을 맞추며 이렇게 물어주는 것이다. "아니, 왜 이렇게 화가 났어?" 상대는 필시 "화가 난 건 아니고"라며 웃을 것이다. 순간 딱딱해졌던 공기가 부드럽게 이완되고 사랑과 낭만의 세계로 복귀하게 되는 마법의 놀이랄까.

화를 내는 건 일에서든 생활에서든 자연스러운 감정의 문제라고들 한다. 화가 나서 화를 내는 거니까 그건 어쩔 수 있는 게 아니라는 것이다. 하지만 생각해보면 화를 내는 것이 문제를 해결하는 데 아무런 도움이 안 될뿐더러 오히려 감정을 다치게 해서 관계마저 나빠지기 일쑤 아닌가. 화를 내는 건 감정의 문제가 아니라 판단의 문제다. 마음먹기에 따라선 스스로 통제할 수도 있다. 나는 마스다니 후미오의 책에서 읽었던 어느 지혜로운 자의 사례를 알고 있다. 자신의 면전에서 격렬하게 화를 내는 이에게 그 현자는 엉뚱하게 물었다. 당신은 당신의 친구가 찾아오면 음식 대접을 하느냐고. 어리둥절한 채 그렇다고 하자 다시 물었다. 만일 당신이 대접한 그 음식을 당신의 친구가 받지 않으면 그때 그 음식은 누구의 것이 되느냐고. 화를 화로 받지 않는 지혜에 대한 멋진 비유 아닌가.

일을 왜 잘해야 하냐고 묻는다면 행복하기 위해서라고 답하겠다. 워라밸이라지만 라이프의 시간 중에 일의 시간이 너무나 크지 않나? 워라밸을 추구한다는 것이 수능에서 수학을 포기하듯 라이프에서 워크를 포기해서 얻고자 하는 밸런스는 아니라고 생각한다. 지금 함께 일하는 동료나 상사, 때로는 업계의 평판이나 고객사의 평가가 나의 역할을 인정하는가를 주체적으로 물어야 한다. 그것은 눈치를 보는 것과는 다르며, 눈치를 본다고 해서 될 일도 아니다. 지금 회사를 때려치우고 프리랜서가 되거나 유튜버가 된다고 한들 평가와 인정의 문제가 극복되는 것도 아니다. 내가 하는 일에서 동료들의 '예스'가 많아지고 '엄지척'이 늘어갈수록 일하는 나의 행복지수도 동반상승한다.

그런데 그것은 기나긴 부침의 과정이라서, 벽에 부닥치거나 길을 잘못 잡았을 때 도와줄 구체적이고 사소한 뭔가가 필요하다. 그래야 오래 견디며 다음을 도모할 수 있다. 앞서 소개한, '왜 이렇게 화가 났어?' 놀이처럼 말이다. 뭔가 잘하려고 하다 보면 힘이 들어가게 마련이다. 동료를 믿고 의지해서 전략과 아이디어를 같이 의논해보려는데 상대가 퉁명스러운 얼굴로 당신에게 툴툴거린다면 한번 해보시라. 아니, 왜 이렇게 화가 났어? 십중팔구는 마주 보며 멋쩍게 웃게 된다. (물론 연기력에 따라 상황이 예상대로 전개되지 않을 수 있으니 편한 술자리에서나 가까운 지인들 사이에서 우선 검증해보기를 추천드린다.)

일을 매번 잘할 수야 있겠나. 하지만 매번 잘할 수는 없다는 바로 그 이유 때문에 잘하려고 매번 최선을 다해야 한다. 매 순간 현명할 수 없다고 해도 그렇기 때문에 매 순간 지혜롭기 위해 자신을 갈고닦아야 한다. 그래야 어쩌다 한 번이나마 잘할 확률이 생기고, 그래도 한두 번은 현명한 판단을 할 수 있을 것 같아서 그렇다. 그러려면 잘 안될 때 이내 평상심을 회복해서 내일은, 다음 프로젝트는, 새로운 팀에선 어쩐지 잘할 수 있을 것 같은 새로운 힘을 찾아야 한다. 내가 좋아하는 사소한 것들 속에 다시 힘을 낼 위대한 격려가 깃들어 있다고 나는 믿는다.

나는 고양이 네 마리와 함께 살고 있는데 이들이 주는 사소하지만 위대한 도움 또한 만만치 않다. 알렌은 소심쟁이, 물루는 관심쟁이, 찰리는 수다쟁이, 머루는 나홀로쟁이. 성격도 모습도 다 다르지만 말랑말랑하고 사랑스러운 존재들의 한결같은 태평스러움이라니. 세상 맛있게 물을 마시고 중력 따윈 상관없다는 듯 내 무릎 위로 폴짝 뛰어 올라와 기껏 한다는 일이 잠을 청하는 것일 때, 나는 고요히 듣게 된다. 세상에 별거 없다, 세상사 다 별일 아니다, 한잠 잘 자고 나면 지금 안 보이는 게 보일지도 몰라, 그런.

자신의 한계나 능력 탓에 난관에 봉착한 경우라면 아침 공복에 박완서를 복용해보는 것도 괜찮다. 《나의 가장 나중 지니인 것》의 주인공은 아들을 잃은 어머니다. 그녀가 슬픔을 극복하기 위해 집 안에 굴러다니던 소년 과학 잡지의 한 부분을 주문처럼 외우지 않나. "태양과 지구 사이의 거리는 빛으로 약

일을 매번 잘할 수야 있겠나. 하지만 매번 잘
할 수는 없다는 바로 그 이유 때문에 잘하려
고 매번 최선을 다해야 한다. 매 순간 현명할
수 없다고 해도 그렇기 때문에 매 순간 지혜
롭기 위해 자신을 갈고닦아야 한다. 그래야
어쩌다 한 번이나마 잘할 확률이 생기고, 그
래도 한두 번은 현명한 판단을 할 수 있을 것
같아서 그렇다.

오백 초, 태양계의 가장 바깥쪽을 도는 명왕성은 태양에서 빛으로 약 다섯 시간 반… 우주라는 무한은 무한히 팽창하고 있는 중. 광년은 빛이 일 년 동안 쉬지 않고 갈 수 있는 거리의 단위, 구조사천육백칠십 킬로미터." 나는 소설 속 이 주문을 A4 용지에 타이핑해서 파티션 벽에 붙여둔 적도 있다. 그렇게 어마어마한 존재를 떠올리는 것만으로도, 집채만 했던 일의 구체적 고민과 초조함이 모래 한 알보다 작아진다. 그게 해결은 아니지 않냐고? 박완서 선생의 도움을 받아 다시 힘을 내봐야 하지 않겠나. 그래서 결국, 내가 해결해야 나의 성취 아니겠는가?

사소한 위대함의 리스트 마지막엔 맥주가 있다. 술로 인해 벌어진 부끄러운 흑역사는 차고 넘치지만, 그럼에도 좋은 사람과의 술자리에서 배우고 새로 알게 되고 느꼈던 것들의 크기가 훨씬 크다. 사람은 결국 사람에게서 배운다는 것의 확인일까? 꼭 그렇지만은 않은 것이 필립 들레름의 저 문장들을 보라. 사람 없이도 맥주 첫 잔이 주는 사소한 위대함이 느껴지지 않나. 숱하게 맥주를 마시면서 매번 느꼈던 감각, 나는 고작 '캬!' 소리나 내며 마시기만 했던 첫 모금의 느낌을 어쩌면 저렇게 명료하게 쓰나 경탄하며 필립 들레름 선생께 리스펙트를 바침으로써, 나는 또 나의 일을 더 잘해보려는 힘을 내는 것이 다. 불끈!

내가 줄 수 있는
일곱 가지 중 첫째

의도는 나쁘지 않았다. 하지만 다들 대표나 이사와 이야기를 할 때는 "저번에 데이빗께서 요청하신……" 혹은 "앤드류께서 말씀하신……" 이러고 앉아 있었다. 이럴 거면 영어 이름을 왜 쓰나? 문제는 대표인 데이빗이 그것을 싫어하지 않는다는 것이었다.

― 장류진 지음, 《일의 기쁨과 슬픔》, 창비, 2020

'너 몇 살이야?'는 한국인들 논쟁의 슬픈 종착역이다. 사실의 맥락이나 의견의 디테일은 이내 실종되고 상대의 태도에 깃들인 사소한 무례함이 돌연 중대 현안이 되어버린다. 나라의 미래 비전에 대한 정책적 이견에서 비롯된 정치인들의 논쟁이건 길거리 사소한 주차 시비건 간에 '너 몇 살이냐'는 이 느닷없는 비약을 웬만해선 피해갈 수 없다. 서로의 이견을 경청하고 존중하면서 대화의 랠리를 이어갈 줄 아는 토론이 드문 데에는 우리말이 가진 특성도 한몫한다고 생각한다.

2009년 6월, 지금 생각하면 비교적 초창기에 트위터에 가입했다. 그곳에선 내가 카피라이터 이원흥인 줄 아무도 몰랐다. "명료하면서도 모호하길 원했지만, 명료하거나 모호하기만 합니다." 이 모호한 한 줄이 트위터라는 신세계에서 내가 나를 설명하는 전부였다. 애초에 그가 남자인지 여자인지, 젊은 사람인지 나이 든 사람인지, 회사원인지 학생인지 모르는 채로 말을 걸고, 얘기에 공감하고, 취향을 공유하고, 몰랐던 걸 깨닫거나 배웠다. 나에게 그것은 너무나 신선하고 놀라운 일종의 첫 경험이었다. 상대가 누군지 모르는 채 오직 생각과 말을 보고서 멘션하거나 팔로우하는 관계 맺기가 살면서 처음이었던 것. 우리말로 하는 대화란 서로의 상하관계가 양쪽 다 수긍할 만하도록 사전에 묵시적으로 규정되지 않으면 한마디도 할 수 없기 때문이다. 10년 만에 우연히 만난 지인의 얼굴을 알아보고 막상 반가움은 1초, 예전에 반말하는 사이였는지 존대하는 사이였는지 머릿속에 과부하가 걸려 온통 하얘지는 경험이 그래서 익숙하다.

세분화된 존대법을 가진 우리말이 그런 문화를 만든 것일까, 아니면 수직적이고 권위적인 문화가 그런 말을 낳은 것일까. 아버지께 용돈을 받으려는 시도가 '당신이 말이죠…'라고 시작된다면 보나 마나 끝장 아니겠나. 나이 든 택시 기사의 잘못을 지적하는 스무 살 청년이 호칭에서 삐끗하면 '너 몇 살이야'로 직행하는 건 시간문제다. 말하자면 서로를 뭐라 부를지 호칭이 적절하게 결정되지 않고선 우리말의 대화는 불가능하다.

그래도 역사는 전진한다. 민주화된 선진국에서 태어난 새로운 세대가 등장하면서 권위적이고 수직적이던 문화가 탈권위적이고 수평적인 문화로 아주 많이 탈바꿈한 게 사실이다. 여러 기업이 눈에 띄게 수평적 조직 문화 만들기에 앞장섰고 그중 어떤 것들은 화제가 되기도 했다. 대리·차장 같은 직급을 없애고 매니저·프로 같은 호칭을 도입하거나, 사장과 신입을 막론하고 서로 영어 이름으로 부르기 같은 것 말이다. 회사는 문화가 경쟁력과 연결되기 마련이라 경쟁력이 떨어지는 기업은 좋은 인재를 끌어오지 못하게 되는데, 그러면 결국 돈을 벌지 못하게 되니 치명적일 수밖에! 하지만 우리는 회사에서만 살지 않는다. 회사 밖에 남아 있는 수직적이고 권위적인 문화 역시 몸과 마음에 DNA처럼 존재하기 때문에 회사 안에서 일할 때 새롭게 도입된 수평적 호칭이나 직급 체계와 우스꽝스럽게 충돌하기도 한다. 장류진 작가의 《일의 기쁨과 슬픔》은 이런 공감대를 리얼하게 묘사하고 있는 것이다.

크리에이티브도 카피라이팅도 사람이 하는 일이라 잘할 때도 있고 잘 못할 때도 있다. 지금 잘하고 있다면 조만간 잘 안 될 때가 올 것이란 말이고, 지금이 잘 안 풀리는 시절이라면 언젠가 잘될 때도 분명 올 것이란 의미기도 하다. 그런데 지나고 보니, 내가 관계를 넓혔을 때 일이 잘됐고 반대로 관계가 좁아졌을 땐 왠지 잘 풀리지 않았다. 함께 일하는 동료를 더 믿고 더 의논하고 더 존중할 때 나는 그에게 더 눈 맞추며 가벼운 인사를 먼저 건넸고, 그러다가 사는 얘기 일 얘기로 공감대를 넓혔다.

함께 일하는 시너지가 상승효과를 제대로 내는 건 딱딱한 회의실이 아니라 사소한 스몰토크에서 틔운 불씨를 신나게 발전시켜 나아간 결과일 때가 많다. 아침에 얼굴 보며 "좋은 아침이야!" 인사하자. 엘리베이터 안에서 스마트폰만 보지 말고 "계속 바쁘시던데 점심은 드셨어요?" 물으며 눈을 보자. "주말에 날씨 참 좋던데 뭐 했어요?" 커피머신 앞에서 종이컵만 노려보지 말고, 인사하자. 인사는 드리고 받는 것이 아니다. 인사는 내가 잘 안될 때 내 일을 구원해줄 수 있는 동료에 대한 리스펙트이며, 우리가 서로 도모해서 한번 잘해보자는 파이팅 같은 것이다. 말에는 마법의 힘이 있다. 내가 먼저 밝은 기분을 한껏 끌어 담아 가벼운 인사를 입 밖에 낼수록 무엇보다 내가 먼저 밝아진다. 밝게 건넨 나의 인사는 덤덤하던 동료의 기분까지 쨍쨍하게 밝혀준다. 무슨 일이든 밝고 선선한 마음으로 최선의 파이팅을 다할 때 그렇지 않은 경우보다 잘될 확률이 높아지지 않겠는가?

인사에 대한 관점을 바꾸자. 인사는 정치가 아니다. 아부나 아첨은 더더욱 아니다. 상사에게 꼭 해야 하는 고루한 예의가 아니라, 내 일을 더 잘하기 위해 꼭 필요한 스몰토크다. 모니터의 커서만 째려보지 말고 동료에게 "오늘 스트라이프 양말 멋진데!" 먼저 인사하는, 복도에서 마주친 기획팀장에게 "헤어스타일 바뀌셨네요, 잘 어울려요!" 웃으며 인사하는, 횡단보도 신호 바뀌기를 기다리며 대표에게 "어제저녁 노을이 정말 끝내주던데 보셨어요?" 환하게 인사하는 카피라이터가 관계와 평판이 더 좋아지고 호감도와 신뢰도가 높아지며 결국 일을 더 잘하게 된다.

석가모니 부처께 물었다. "하는 일마다 잘 안되는데 그 이유가 무엇입니까?" 생각해보면, 자기는 잘나가는 게 당연하고 잘 안되는 게 이상하다고 믿는 거니까 그것만으로도 알 만한 사람이긴 하다. 저 한심한 인간의 어리석은 질문에 전해오는 지혜로운 말씀은 이러하다. "그것은 네가 베풀지 않아서다." 교만한 질문자가 알아들을 리 없다. "아니, 뭐 가진 게 있어야 남에게 베풀 거 아닙니까?" 아무리 빈털터리라고 해도 남에게 베풀 수 있는 일곱 가지가 있는데, 그 첫째가 온화한 낯빛으로 타인을 대하는 것이라고 하셨다. 나는 그게 인사라고 생각한다.

실은 내가 그래서 아직 담배를 끊지 못하고 있다. "담배나 한 대 피울까?"라는 인사를 건네며 나는 나 혼자서는 미련하게 돌파하지 못하고 있는 이번 프로젝트의 결정적인 지점을, 내가 믿는 동료와의 사소한 대화 속에서 실마리라도 찾으려는 것이다. 찾을 수 있다고 믿는 것이다. 그래도 물론 담배는 피우지 않는 게 좋겠지만.

내 곁의
거인들

나는 팔레르모에 있었고 돈을 다 써버렸다. 내가 나폴리로 가는 비행기에 오르는 바로 그 순간, 항공사 직원은 내가 출국세를 지불하지 않았다고 말했다. 내 뒤에 있던 밤색 양복을 입고 밤색 보르사리노 모자를 쓴 남자가 말했다. "이봐요, 돈이 좀 필요한가요?" 그리고 내게 20달러를 건넸다. "돈을 갚고 싶습니다." 그가 말했다. "아마 또 보게 되겠지요. 세상은 좁은 곳입니다."

- 폴 서루 지음, 이용현 옮김, 《여행자의 책》, 책읽는수요일, 2015

'굿모닝 썬(Good Morning, Son)'이라니. 그것은 괴로운 밤의 뚱딴지였다.

카피라이터를 의사나 변호사처럼 국가고시를 거치게 하는 거지. 그러면 9수 끝에 드디어 카피라이터가 되는 사람도 나오고, 대학을 졸업하기도 전에 카피라이터 국가고시를 패스했다고 모교에 플래카드가 걸리는 일도 생길 거야. 무엇보다 오늘 같은 일은 없지 않겠어?

오래 고민하고 유레카를 외치며 찾아낸 카피 아이디어가 똥물을 뒤집어쓴 날이었다. 함께 고생한 후배가 안쓰러웠던 나는 돌아오는 길, 그에게 싱거운 웃음이라도 만들어주려고 카피라이터 국가고시라는 엉뚱한 상상을 늘어놓았다. 후배는 희미하게 웃을 뿐 말이 없었다. 축 처진 그를 들여보내고 혼자 불 꺼진 사무실에 앉아 정지된 파도를 바라보던 중이었다. 모니터 바탕화면을 세계의 풍경으로 설정해두었는데 그날은 어느 더운 나라의 바다였다. 화면을 클릭하면 그게 어느 나라인지 비치의 이름은 뭔지 알 수 있었지만, 하지 않았다. 클릭하면 책상 위로 파도가 쏟아져 들어와 서류며 책이며 만년필들을 다 엉망진창으로 만들어버리기라도 할까 봐 두려웠을까.

카톡이 울렸고 들어가라는 유튜브 링크를 따라갔더니 '굿모닝 썬'이었던 것. 처음 듣는 노래가 파도만 환하던 그 밤의 마음 어딘가를 흔들고 있었다. '아직 퇴근을 안 하고, 카톡 답도 없고, 오늘 중요한 일 있다고 했었고, 그래서 일이 잘 안됐나 보다 싶어서. 실은 안 좋은 일이 겹쳐서 힘든 날이었는데 아빠가 훨씬 더 힘들겠다 싶었고, 내가 힘들 때 듣던 음악인데 아빠도 좋아할 거 같아서 들어보라고 보냄.' 녀석은 알고 있었을 거다. 내가 가사를 찾아보며 여러 번 들으리라는 걸. 벤 폴즈의 'Still fighting it'을 아들에게서 배웠다.

세월이 흐르고 감자튀김을 먹던 아들은 20년 후쯤엔 같이 맥주도 마시게 되겠지만 인생의 맑은 날과 비 오는 날 모두 우리는 싸우는 중일 거라며, 어른이 된다는 건 누구에게나 엿 같은 거라고 아비는 노래하고 있었다.

어른이 된다는 건 제힘으로 밥을 번다는 것이
아닐까. 세상에 나가 무슨 일을 하든 어른이 되
어 밥을 번다는 건 때로 뜻하지 않은 똥물을 뒤
집어쓰기도 하는 것임을, 그럼에도 엿 같은 기
분을 툭툭 털어버리고 다시 씩씩하게 싸움에
나서는 것임을, 무엇보다 내가 어른임을 잊지
말아야 한다는 걸 배웠다.

어른이 된다는 건 제힘으로 밥을 번다는 것이 아닐까. 세상에 나가 무슨 일을 하든 어른이 되어 밥을 번다는 건 때로 뜻하지 않은 똥물을 뒤집어쓰기도 하는 것임을, 그럼에도 엿 같은 기분을 툭툭 털어버리고 다시 씩씩하게 싸움에 나서는 것임을, 무엇보다 내가 어른임을 잊지 말아야 한다는 걸 배웠다.

내가 하는 광고라는 일은 인상을 만드는 일이라고도 말할 수 있다. 15초라는 살인적으로 짧은 시간을 주매체로 하는 TV 광고든 유튜브나 네이버 같은 디지털 미디어에 노출되는 바이럴 콘텐츠든, 제품과 브랜드에 대한 긍정적인 인상을 남기려는 구체적인 작업이 광고다. 광고만 그럴까? 우리는 살면서 사람들을 만나 오랜 인연이 되기도 하고 다시 만날 일 없는 한두 번의 스쳐 가는 인연에 그치기도 한다. 그리고 그 사람에 대한 인상을 받는다. 인상이라 하면 한순간 잘 보이면 될 일 같지만, 그게 그렇지가 않다. 어떤 브랜드도 벼락치기로 좋은 인상을 만들 수는 없다. 나이키도 신라면도 하루아침에 만들어지지 않는다. 사람도 그렇다. 나 자신과 타인에 대해 평소 어떤 태도로 살아왔느냐가 결국 한순간의 인상을 결정짓는다.

광고 일을 하며 클라이언트와 모델로 셀럽이라 할 만한 분들을 많이 만났다. 인정하기 싫지만 광고는 우리 사회에서 을의 비즈니스다. 셀럽들에겐 그다지 존중의 태도가 필요하지 않은 일의 영역이라는 의미가 된다. 그래서 카피라이터가 똥물을 뒤집어써야 하는 일도 더러 생기는데, 역설적으로 그렇기 때문에 카피라이터인 내게 오래도록 좋은 인상으로 기억되는 분들이 있다. 배우 김혜수 씨, 백종원 씨 같은 분들이 내겐 그렇다.

백종원 씨는 처음 만난 나에게 명함을 먼저 건네며 눈을 맞추고 인사했다. 아주 사소한 디테일이었지만 겸손하며 타인을 있는 그대로 존중한다는 인상을 주었다. 김혜수 씨는 촬영 현장에서 어떤 요구에도 프로답게 흔쾌했을 뿐만 아니라 일이 끝나고 스태프들의 사인 요청에도 다정한 농담까지 얹어주는 세심함이 그녀를 좋은 사람으로 기억하게 했다. 나는 그런 분들을 보며 진짜 어른은 그렇게 타인을 있는 그대로 존중한다는 것을 배웠다.

후배 K는 같이 일하다 헤어진 10년 전부터 스승의 날이면 내게 꽃을 보낸다. 처음 꽃을 보내며 K는 이렇게 썼다. "생각해보니까 스승의 날이 교사의 날은 아니더라고요. 하하하. 나한테 스승이 누군지 생각해봤죠. 많이 배웠습니다. 그리고 존경합니다." 그렇구나. 모교의 은사만 스승은 아니지. 내 스승은 내가 발견하는 거로구나. K에게 나는 배웠다.

정치인들이 존경하는 인물로 이순신을 언급하는 걸 볼 때마다 나는 생각한다. 그가 이순신 같은 인물이 될 가능성은 얼마나 될까? 어쩌면 그에게 중요한 건 이 시대의 이순신이 되고자 하는 게 아니라 어떻게 하면 선조 같은 인물이 되지 않을 수 있느냐 하는 게 아닐까? 무슨 노력을 통해 정운, 정걸, 나대용, 송희립처럼 이순신의 시대에 묵묵히 그리고 훌륭히 자기일에서 자기가 감당해야 할 바를 해냈던 분들을 닮아갈 수 있을까, 뭐 그런 게 아닐는지. 이 시대 일하는 우리가 스티브 잡스 같은 인물이 될 확률은 얼마나 될까? 아니, 그런 사람과 같이 일할 가능성이 과연 있기나 할까? 혹여 그렇게 된다고 한들 그것이 반드시 좋은 일일까? 우리에게 중요한 건 저 멀리 스티브 잡스를 바라볼 게 아니라 내 눈앞의 동료, 이번 프로젝트를 함께할 사람, 삼성전자나 구글이 아니더라도 지금 이 회사에서의 내가 아닐까?

다시 만날 인연은 아닐 것 같은 이에게조차 다시 만날 것을 기약하며 어깨 한번 으쓱하고 20달러를 건네준 밤색 보르사리노 모자를 쓴 남자가 말하고 있지 않은가? 세상은 좁은 곳이라고. 나를 성장시킬 나의 스승, 내 인생의 거인들은 바로 지금 내 곁에 있다. 나 또한 이 좁은 세상 내 곁의 사람들에게 그의 스승, 그의 거인이 되어주어야 한다. 그렇게 싸우고 배우며 반드시 지금 여기서 행복해야 한다고, 나는 내 일과 삶에서 그렇게 배웠다.

순진김밥
이야기

당신은 아마
당신이 찾고 있는 것이 무엇인지
모르고 있는 것인지도 모른다
당신을 찾고 있는 것이 무엇인지도
모르고 있다고 봐야 한다

어쩌면 당신이 찾고 있는 것
당신을 찾고 있는 것
둘 다
알려고조차 하지 않았는지 모른다

   - 이문재 지음, 《혼자의 넓이》, 〈당신이 찾고 있는 것이 당신을 찾고 있다〉 중 일부, 창비, 2021

왓챠 파티를 아시는지? 시대의 변화와 기술의 진보에 따라 삶의 모습은 달라진다. 바야흐로 혼자의 시대인 데다 밀집과 밀폐를 꺼리게 되면서, 영화나 드라마 같은 콘텐츠도 넷플릭스나 왓챠 같은 OTT를 통해 혼자 보는 사람들이 많아졌다. '혼자 보기 아쉬울 때, 같이 봐요, 우리!'라는 슬로건이 말해주듯 왓챠 파티는 같은 영상 콘텐츠를 보면서 다른 사람들과 실시간으로 채팅할 수 있는 기능이다. 철저하게 개인화된 감상이라는 트렌드가, 내가 느낀 재미와 공포를 타인과 즉각적으로 공유하거나 확인하려는 새로운 트렌드로 이어진 것이다. 내가 보고 싶을 때 내가 있는 곳에서 나 혼자 보고 싶은 것도 인간이요, 내가 보는 것을 누군가와 같이 보면서 같이 웃고 같이 놀라고 같이 공감하며 얘기하고 싶어 하는 것도 인간이기 때문이다.

우리는 어찌하여 이다지도 트렌드에 집착하는 걸까. 소비 트렌드, 패션 트렌드, 컬러 트렌드를 넘어 레저 트렌드를 따라 차박과 서핑에 관심이 가고 디저트 트렌드를 좇아 민초단인지 아닌지 서로에게 묻는다. 예전에는 캐럴이나 구세군의 자선냄

비 같은 것들로 한 해의 끝자락을 실감했다면 요즘은 내년의 트렌드에 관한 책이 서점에 깔리자마자 곧 베스트셀러 자리에 등극하는 놀랍지도 않은 소식을 들으며 한 해가 가는 걸 안다.

법칙은 또 어떤가. 드라마나 영화가 크게 성공하면 우리는 찾으려 한다, 흥행의 공식을. 주식에 성공한 사람에겐 주식 투자 대박의 법칙을 묻고, 유명한 작가에게선 글 잘 쓰는 법칙을 알아내고 싶어 한다. 온라인 서점 예스24에 들어가서 검색창에 '법칙'을 입력했더니 마음의 법칙, 인생의 법칙, 말하기의 법칙, 브랜딩의 법칙, 다이어트의 법칙… 오만 가지 법칙에 관한 책 리스트가 끝도 없다.

트렌드는 남들의 경향과 대세에 대한 강박이고, 법칙은 쉽게 지름길을 찾으려는 욕망이다. '광고계 최신 트렌드는 무엇입니까?', '성공하는 카피라이팅의 법칙에는 어떤 것들이 있나요?' 같은 질문을 받으면 나는 가벼운 한숨과 함께 김밥 생각이 난다. 지금은 없는, 성산동의 순진김밥.

순진김밥은 카피라이터 후배가 낸 김밥집이었다. 후배는 김밥집을 시작하기 전에 창업 트렌드나 성공하는 판매의 법칙 따위 검색조차 하지 않았다. 맛있기로 유명하다는 다른 김밥집의 맛과 메뉴를 궁금해하지도 않았다. 김밥집을 하기로 한 이유의 8할은 그저 자기가 김밥을 좋아한다는 것이었다. 다른 김밥집에 흔한 참치김밥이 그곳엔 없었는데, 이유는 자기가 참치김밥을 싫어해서였다.

인테리어의 기본 콘셉트도 본인이 잡았다. 작은 공간이었지만 가장 중요하게 생각한 건, 그곳에 가장 오래 있는 사람이 누구인가 하는 문제였다. 답은 두말할 것도 없이 자기 자신이었고, 김밥을 만들며 가장 오래 거기 있는 사람이 그 공간을 좋아해야 즐겁게 일할 수 있고 만드는 사람이 즐거워야 찾아오시는 분들도 좋지 않겠냐 하는 게 그의 생각이었다. 광고를 만드는 현업에 있을 때도 일 잘하는 카피라이터였던 그는 촬영 세트의 컬러와 톤을 결정하듯 세심하게 타일을 골라 바닥에 깔았고 본인이 좋아하는 영국 FM을 디자인이 예쁜 스피커로 틀어놓았다. 벽에는 줄을 맞춰 일러스트 액자를 걸었는데 김밥의 재료가 되는 당근이며 참기름을 아티스트에게 부탁해 일러스트로 받아 거기에 재치 있는 카피를 직접 썼다.

이를테면 깻잎 일러스트에 붙인 카피는 이렇다. '이 세상 모든 사람의 머리 중에서 가장 이쁜 머리는요 하버드 나온 수재의 머리도 아니고요, 할리우드 배우의 금발 머리도 아니고요, 홍익여자중학생의 깻잎머리랍니다.' 우엉이나 오이나 어느 하나 안 좋은 카피가 없어서 하나만 더 예를 들고 싶다. '무지 무지 좋은 사람들과 무지 사소한 이야기 나누며 무지하게 맛있는 거 먹는 삶. 그게 저 단무지의 꿈이에요.'

순진김밥은 어느 일요일에 멋진 갤러리나 소규모 콘서트장으로 변신하기도 했는데 후배가 인연을 맺은 아티스트들을 그 공간의 주인공으로 만들어주었다. 아니, 주인공이 아티스트였다고 하면 틀린 말이 될 것이다. 평소 순진김밥을 좋아하던 동네 주민들과 멀리서 찾아온 아티스트의 팬들과 여유로운 휴일의 햇살과 그 햇살 같은 사람들의 웃음소리까지 모두 함께 주인공이 되는 마법의 공간이었으니까. 폴 스미스의 후원으로 베

를린과 파리에서 전시한 적이 있는 김시종 작가의 사진전,《스페인 디자인 여행》의 작가 유혜영의 일러스트전, 싱어송라이터 오소영의 콘서트 등이 그곳에서 성황리에 열렸다.

나는 지금 열 평짜리 동네 김밥집을 이야기하고 있다는 걸 상기해주기 바란다. 후배는 좋아하는 손님들의 사진을 직접 찍고 동의를 얻어 전시를 하기도 했고, SNS에 #오늘의손님으로 사람에 대한 애정이 담뿍 담긴 이야기들을 올리기도 했다. 듣자니 그걸 보고 아주 멀리서 일부러 찾아온 손님도 여럿이었다고 한다.

네이밍 얘기를 빼놓을 순 없겠다. 오징어채무침이 들어간 김밥을 순진김밥에선 동해김밥이라 이름 지었고 소고기가 들어간 김밥은 시드니김밥이라 네이밍했다. 재료 중에 소고기는 호주산을 썼다는데 호주산 소고기가 들어가서 이름이 시드니김밥이란다. 나는 그 얘기를 들으며 김기택 시인의 시를 떠올렸다. '굳어지기 전까지 저 딱딱한 것들은 물결이었다'로 시작하는 시, 멸치. 밥상 위에 놓인 딱딱한 멸치에서 시인이 거대한 바다의 부드러운 잔물결들을 상상했다면 후배는 오징어채무침에서 동해로, 호주산 소고기에서 시드니로 유쾌하면서도 공감이 가는 상상을 펼쳐 네이밍에 담았던 것이다.

후배는 보여주었다. 광고 만드는 일이나 김밥을 싸는 일이나 어쩌면 다 같은 거라고. 내가 무엇을 하는 사람인지 알고 내가 진짜 좋아하는 게 무엇인지에 집중해서, 좋아하고 잘하는 것을 하는 일과 잘 연결할수록 내가 행복해진다는 걸 말이다. 내가 하는 일에서 내가 행복할 때 내 주변 세상도 행복해지기 시작한다. 그러니 트렌드나 법칙을 제아무리 꿰고 있다고 한들 자기가 없으면 무슨 소용이 있겠는가. 트렌드는 끊임없이 변하니까 트렌드다. 그래서 트렌드를 지나치게 중시하다 보면 언제나 뒤꽁무니만 쫓게 될 수밖에 없다. 남을 보는 시선의 반만큼이라도 나를 들여다볼 일이다. 세상이 어찌 돌아가는지 궁금해하는 것의 반만큼이라도 나를 궁금해할 일이다. 남들 다 아는 이야기, 책에 다 있는 것들은 남들도 나에게서 궁금해하지 않는다. 나의 이야기는 무엇인가? 시작은 결국 나 자신이다.

이문재 시인의 시를 읽다가 생각했다. 내가 찾고 있는 것, 알려고조차 하지 않았던 것, 어쩌면 그것은 나!

대박보다
파이팅

잔인함은 약한 자들에게서 나올 때가 많다.
세상에는 울면서 강하게 사는 자들이 많다.

- 황현산 지음, 《내가 모르는 것이 참 많다》, 난다, 2019

여기저기서 대박이란다. 나의 관심은 대박의 내용이나 실체가 아니다. 말이다. 대박이라는 그 말. 나는 대박이 싫다. 내가 아무리 싫어한들 말이란 변하는 것이고, 또한 많은 사람이 많이 쓰는 말은 곧 새로운 말로 받아들여진다는 걸 나도 모르지는 않는다. 어느 날 저녁, 산책하는 중이었다. 동네 한 골목에 작은 꽃집이 개업을 했더라. 입가에 저절로 미소가 떠오르게 하는 노란 소국을 한껏 기린 목까지 하며 들여다보다가 돌연 문앞에 놓인 축하 화분에 눈길이 가닿았다. 단정한 리본에 궁서체로 '대박 나세요'라고 쓰여 있었다. 친구나 지인의 새로운 비즈니스가 대박 나길 기원해주는 그 마음이야 왜 모르랴. 우리가 빌어주고 자신의 미래에 바라는 저 대박이란 과연 뭘까 생각하게 되었다.

혹시 아시는가? 영국 옥스퍼드 영어 사전에 '대박'이 올라 있다는 사실. 대박이란 단어 입장에선 그야말로 대박인 상황이 된 거다. 옥스퍼드 영어 사전엔 banchan(반찬)과 kimbap(김밥)도 있고 manhwa(만화), mukbang(먹방), oppa(오빠), unni(언니)도 새로 추가되었다고 한다. daebak(대박)은 '우연히 얻거나 발견한

가치 있는 것을 뜻하는 명사'라고 설명되어 있다. 대박이란 말의 어원에 대해선 여러 설이 있지만, 나는 노름판에서 왔다는 추론이 설득력 있다고 생각한다. 우리말큰사전에선 '박'을 '노름판에서 여러 번 지른 판돈'으로 풀이하고 있다는 게 중요한 근거가 된다. 한 판에 돈을 왕창 따는 걸 큰 대 자를 붙여 대박이라는 건데 그렇게 본다면 대박 나라는 건 횡재해라, 돈벼락 맞아라, 그런 셈이다.

말이란 게 어디 그냥 말이겠는가? 말은 그 말을 쓰는 사람들의 마음과 바람과 생각 같은 것들이 투영된 거울이다. 미국의 사상가 에머슨은 이렇게 말했다. 약한 사람은 행운을 믿고 강한 사람은 인과관계를 믿는다고. 우리는 너나없이 실은 다 약한 존재일 것이다. 자본주의가 고도로 발달하면서 사회와 직장 같은 거대한 시스템에 비해 한 개인이란 점점 더 왜소한 존재가 되었기도 하다. 그래서 자기 자신과 서로를 약한 존재로 보고 행운을, 어쩌면 삶의 유일한 희망으로 대박을, 우연히 얻거나 발견하길 바라는 게 아닐까 하는 생각이 들었다. 하지만 옥스퍼드 영어 사전에 올라 있는 한국어 중엔 fighting(파이팅)

도 있다. 결론부터 말하자면 나는 대박보다 파이팅 편이다.

　처음 영어를 배우면서 접한 문장 중에 도통 무슨 말인지 모르겠는 것들이 있었다. 예를 들면 'Heaven helps those who help themselves' 같은 거 말이다. 하늘은 스스로 돕는 자를 돕는다는 그 말이 처음 접했을 땐 마치 간장공장공장장처럼 의미를 알 수 없는 말장난 같았다. 이젠 안다. 우연한 행운이나 다른 사람들의 막연한 도움만을 바라지 않고 처한 상황을 자기 힘으로 타개하려는 사람을, 아니 그런 사람들만 세상이 돕는다는 걸 말이다. 나는 그걸 씩씩함의 가치라 부르고 싶다. 씩씩하다는 말을 국어 사전에서 찾아보니 '굳세고 당당하다'라고 설명한다. 멋지지 않나? 어떤 상황에서도 굳세고 당당하다는 것. 씩씩하기 어려울 때조차 씩씩해야 한다고 나는 생각한다. 결코 쉽진 않다. 어느 종교의 경전에 이런 말이 있다. 참을 수 있는 걸 참는 건 참는 것이 아니요, 참을 수 없는 것을 참는 것이라야 진정 참는 것이다. 문장의 구조 때문에 누군가는 간장공장공장장이라고 느낄 수도 있겠지만 그냥 말장난은 아닌 듯하다. 어떻게든 자기가 주체적으로 뭔가 해보려는 사람만이 주위의 도움도 받게 된다. 하늘은 그렇게 스스로 돕는 자만을 돕는다.

일이란 결국 문제를 해결해가는 전 과정이다. 씩씩하게 일한다는 건 주체적으로 일한다는 게 아닐까? 일의 목표에 맞춰 스스로 계획을 짜고, 데드라인을 설정하고, 그게 타당한지 동료나 상사와 의논하고, 과정을 공유하고, 피드백에 따라 필요한 수정과 보완을 하고, 일의 전모를 이해하기 위해 소통하며, 자기 몫의 역할과 책임을 다하고, 그 결과에 당당하게 책임지는 것이다. 굳세고 당당하게 일한다는 건 오늘 실수나 잘못으로 질책을 받더라도 흔쾌히 인정하고 오히려 발전의 계기로 삼아 내일 더 나아질 거라 스스로 믿는 것이고, 이번 일의 성과가 의도한 만큼 나오지 않았어도 다음을 도모하자고 주변을 내가 먼저 독려하는 것이고, 내가 하는 일과 내가 다니는 회사에서 최선이 뭘까 끊임없이 주체적으로 고민하고 분투하는 것이다.

쭈뼛거리는 건 씩씩하지 않다. 눈치 보는 건 씩씩하지 않다. 시키는 일만 하겠다는 것도, 상사에게 복종할 수밖에 없지 않냐는 것도 씩씩하지 않다. 반론이 있다면 당당하게 말해야 한다. 아니다 싶으면 굳세게 거부해야 한다. 상대가 부장이건 사장이건 내 말이 맞는다면 받아들여져서 일의 진전이나 회사 분위기에 도움이 될 것이고, 맞지만 받아들여지지 않는다면 씩씩하게 떠나야 한다. "그렇게 하시면 안 됩니다"라고 사장에게도 말할 수 있는 거다, 당연히. 아니 사장이 뭘 대수겠는가? 상대가 대통령이건 교황이건 아닌 건 아니라고 말해야 한다. 굳세고 당당하게!

씩씩하게 일한다고 하면 박대성 화백의 인터뷰가 떠오른다. 아이들이 모르고 작품을 훼손했는데 미술관 측에 문제 삼지 말라고 했던 그 작가다. 세상은 그를 왼손이 없는 무학의 화가, 한국화의 거장 뭐 그렇게 부른다. "전시관에 다시 가서 보니 아이들 눈에는 미끄럼틀같이도 보이겠더라"라고 하셨다는 게 인상적이어서 그분 인터뷰를 찾아 꼼꼼하게 읽은 적이 있다. 불편한 손을 원망해본 적 없냐는 질문에 몸이 불편한 팔자를 타고난 걸 내 인생의 보너스로 생각한다며 몸이 불편하면

게으름도 못 피우고, 이 세상을 치열하게 고민하며 살아야 한다고. 그러다 보면 남이 안 듣는 것을 듣고, 하지 못하는 생각을 하게 된다고. 스티븐 호킹이 그렇지 않냐고. 어차피 이 세상은 영원히 사는 데가 아니라고 말씀하셨다.

나는 그 마지막 문장에 깊은 존경심을 느끼며 마음속으로 굵은 밑줄을 그었다. 나는 나의 일인 광고와 지금 내가 몸담은 농심기획이란 회사를 사랑하지만 어차피 광고도 농심기획도 영원히 사는 데는 아니지 않겠는가. 그런 태도가 굳세고 당당하게 매 순간 씩씩하게 일하는 데 바탕이 되어줄 거라 믿는다. 또 그렇게 씩씩하게 일하는 것이야말로 지금 내가 있는 곳과 하는 일에 대한 최선의 예의라고 생각한다.

행운이란 기대하고 기원하는 것이 아니라 감사해야 할 대상으로서만 의미 있는 것이 아닐까? 대박을 바라는 심정이 될 땐 제인 케니언의 시를 떠올려보면 좋을 것 같다. 힘센 두 다리로 일어난 것도, 달콤한 우유와 잘 익은 복숭아를 먹은 것도, 내가 좋아하는 일을 하고 사랑하는 사람과 함께 누운 것도 생각해보면 다 그렇게 못 할 수도 있었다는걸. 우리는 안다. 언젠가는 하고 싶어도 그렇게 할 수 없는 날이 오리라는 걸 말이다. 행운은 그런 것이다. 이미 받은 은혜, 처음부터 가지고 있던 축복 같은 것. 그러니 우리가 할 일이 무엇이겠나? 그 행운에 감사한 마음으로 파이팅하는 거다. 굳세고 당당하게 말이다.

나는 내 마음의 사전에 파이팅이란 말의 뜻풀이를 이렇게 하고 싶다. '씩씩하자. 어떤 상황이든 굳세고 당당하자. 일과 삶의 모든 국면이 싸움은 아니겠으나 피할 수 없는 싸움에 임해서는 도망가지 말자.' 옥스퍼드 영어 사전은 다르게 설명해놓았지만 뭐 어떤가? 옥스퍼드 사전 편집자는 그들의 자리에서, 나는 또 내가 있는 여기에서, 당신은 또 당신이 계신 거기에서, 파이팅!

인조이 잇
인조이 일

감정을 요리에 비유하자면, 간을 맞추는 소금이라 할 수 있겠다. 사람답게 살려면 그만큼 중요한 요소이자 조건인데, 그렇다고 소금만 있어서야 곤란하다.

- 마루야마 겐지 지음, 김난주 옮김, 《인생 따위 엿이나 먹어라》, 바다출판사, 2013

인간만이 웃을 줄 아는 유일한 동물일까? 그렇지는 않다고 한다. 여러 종류의 원숭이들도 웃고, 개들도 소리 내서 웃고, 놀랍게도 실험실의 쥐들도 인간이 들을 수 없는 소리로 웃는다고 하니까. 하지만 함께 웃는 동물은 인간이 유일하지 않을까? "지구라는 행성에는 무리 짓기 좋아하는 영장류 동물이 있다. 이들은 떼 지어 어두운 동굴 속에 들어가 거의 기절할 때까지 함께 헐떡인다. 함께 모이지 못하면 상자를 바라보며 가상의 무리를 짓고 똑같은 내용을 보면서 다 함께 이상한 소리를 낸다." 인간의 웃음에 대한 칼 세이건의 농담이다. 그의 말속 동굴은 영화관이고 상자는 TV다. 우리는 그렇게 극장에서 웃고 예능을 보면서도 웃지만, 사실 누구나 가장 많은 시간을 보내는 곳에서 가장 많이 웃고 싶을 거다. 바로 내가 일하는 곳, 직장에서 말이다.

그래서 회식을 하기도 한다. 회식 자리에서 회사 얘기, 일 얘기는 이심전심으로 금기다. 골치 아프고 재미없으니까. 함께 웃고 싶으니까. 가볍게 재밌는 얘기를 찾아 공통의 화제로 올리는 것이 즐거운 회식 자리를 만드는 센스다. 까르르 깔깔

깔 함께하는 웃음에 술과 밤이 만드는 분위기가 더해지면 친
밀감 게이지가 최고치에 다다른다. 그런데 그렇게 만들어진
친밀감이 정작 다음 날 회의실에선 온데간데없이 사라지기도
한다. 허탈함이 몰려오고 야릇한 배신감마저 느껴진다. 왜 그
런 걸까?

어깨동무하고 함께 웃으며 즐겁게 술 마신다고 해서 일이
착착 진행되는 건 아니다. 관계가 일의 일부분일 수야 있겠지
만 본질일 수는 없으니 말이다. 즐거운 분위기나 함께 웃는 건
마루야마 겐지식 표현으로 하면 소금 같은 것이겠다. 사람답게
살려면 그만큼 중요한 요소이자 조건인데, 그렇다고 소금만 있
어서는 곤란하다. 직장 동료들과 즐겁게 생활하는 것과 내가
하는 일을 즐기는 건 전혀 다른 차원의 문제다.

최근 한 경쟁 프레젠테이션에서 졌다. 그 프로젝트가 시작
됐을 때 머릿속에 떠오른 첫 번째 키워드는 '필패의 링'이었다.
우리는 회의실에서 우리가 이길 수 없는 상황과 그 판단의 근
거가 되는 사실들을 고통스럽게 공유하는 것으로 일을 시작했

다. 이길 수 없는 싸움을 해야 한다면 자, 어떻게 할 것인가? 어차피 질 게 뻔한데 기운 뺄 거 뭐 있나, 체면치레 정도만 하자? 그냥 회의실에서 즐겁게 농담이나 하다가 아이디어 몇 개 정리해서 연습 삼아 주니어에게 프레젠터 기회를 주자? 그러면, 진짜 지는 거다. 도저히 무시할 수 없는 옳음을 구체적으로 증명하고 강력한 설득력의 프레젠테이션을 보여주자! 그게 지더라도 멋지게 지는 길이고, 그렇게 멋지게 져야만 다음을 기약할 수 있다. 그렇게 우리 스스로 지지 않는 싸움을 해야만 다른 일에서 이길 수 있다.

계획대로 우리는 우리의 옳음을 증명했고, 계산대로 프레젠테이션의 설득력은 강력했으며, 예상대로 우리는 졌다. 나는 이 과정에서 우리가 일을 즐기고 있다고 느꼈고, 일을 즐긴다는 건 이런 게 아닐까 생각했다. 그냥 깔깔깔 호호호가 아니라, 내가 선택하고 우리가 사랑하는 일을 잘하기 위해서 지금 나와 우리가 해야 할 일을 하는 것 말이다. 그것이 때론 고통스럽고 때론 지루하며 때론 허탈할지라도.

아마추어는 좋아하기만 해도 된다. 프로는 좋아하기만 해선 안 된다. 내 취미가 광고라면 좋아하는 것으로 끝나도 된다. 내 직업이 광고라면 그건 얘기가 달라진다. 내가 내 일을 좋아하고 사랑한다면 더더욱 그렇다. 잘하기 위해 필요한 게 무엇인지 끊임없이 묻고 공부하고 논쟁하고 고민하고 연습하고 질투하고 시도하고 예측하고 환호하고 실패하고 좌절하고 또다시 싸워야 한다. 그 모든 과정을 견디고 정진하는 것이 진정 그 일을 즐기는 것이 아닐까? 광고든 뭐든 간에 한 분야의 직업인으로서 그 일을 즐긴다는 것이 결코 하하호호만을 의미할 수는 없다고 나는 생각한다.

말 탄 남자에 관한 옛날이야기를 읽은 적이 있다. 전속력으로 달려가는 그를 보고 길가의 사람이 물었다. "어디로 가는 길이기에 그렇게 전속력으로 달려가는 거요?" 말 탄 남자가 대답했다. "저야 모르죠. 말에게 물어봐야죠." 나는 내가 하는 일에서 가끔 이 우습고 어리석은 남자 이야기를 떠올릴 때가 있다. 아이디어나 기획 방향 회의를 하는데 왜 그 회의를 하는지, 무슨 목표를 위해 어떤 문제를 해결하자는 것인지 모른다면 과연 그 일을 잘할 수 있겠는가?

　나의 고양이 물루가 무지개다리를 건너 고양이 별로 떠났다. 아침이면 언제나 식탁 위로 뛰어올라 그 파란 눈동자로 나를 물끄러미 바라보던 조식의 파트너, 책 읽기와 글쓰기의 사랑스러운 훼방꾼을 잃고 나는 고통스러웠다. 도스토옙스키의 딸 쏘냐가 죽었을 때 지인들이 그런 딸을 또 낳으면 되지 않냐고 위로하자 저 위대한 작가는 이렇게 말했다고 한다. "그 파란 눈의 쏘냐는 이 세상에 하나밖에 없어." 내가 위대한 작가가 아니라서 그런지 내 지인들이 위대해서 그런지는 모르겠지만, 물루 같은 고양이가 셋이나 더 있지 않냐는 말로 나를 위로하려 드는 사람은 없었다. 그 파란 눈의 물루는 이 세상에 하나밖에 없다는 슬픈 말을 하지 않을 수 있어서 내 주변 사람들에게 감사했다. 나의 지인들은 이렇게 말했다. '그래서' 반려동물을 못 데려온다고. 위로라는 걸 잘 알면서도 나는 생각했다. 고통이 있으리란 걸 안다고 해서 어떻게 사랑하지 않을 수 있단 말인가. '그래서' 아무것도 안 하는 게 아니라 '그럼에도' 사랑하는 것이야말로 일과 삶의 정언명령이 아닐까. 사랑 이후에

예비의 인생을 살지는 않기로 했다. 내가 하는 일을 잘하기 위해 지금 해야 할 일에 집중하는 거다. 괴로워도 슬퍼도 떨리거나 무서워도. 일을 즐긴다는 건 그런 것이다. 내일 아침에도 나는 나의 일터에서 나의 동료들에게 "좋은 아침!"이라고 인사할 거다. 괴롭고 슬프고 떨리고 무서운 일들을 잘 해나가기 위해 나와 우리에게 주어진 또 하루의 시작, 그 좋은 아침을 자축하는 기분으로!

할 수 있는 구체적 사랑을 찾아서 나는 더 잘 사랑하고 싶다.

영화 〈이터널 선샤인〉에서 클레멘타인이 말한다. "이 기억들은 결국 다 사라지고 말 거야. 우리 이제 어떡하지?" 그 질문에 대한 조엘의 대답을 나는 잊지 못한다. "인조이 잇!" 사랑에 마땅한 태도가 있다면 지금 이 순간을 긍정하고 집중하고 음미하는 게 아닐까. 일에 대한 사랑도 다르지 않다고 믿는다.

딸한테 "예비 고3님 준비 잘 돼가나?"라고 싱겁게 농담 한마디 했다가 혼이 난 적이 있다. "예비 고3이란 게 어딨어? 그럼 아빠는 예비 노인이야?" 그게 볼멘 딸의 반론이었다. 예비 고3이란 게 있다면 딸의 말대로 우리는 예비 대학생을 거쳐 예비 사회 초년생을 지나 예비 중년, 예비 은퇴자, 예비 노인, 그리고 결국 예비 고인이 되고 만다. 진짜 삶은 그런 게 아닐 거다. 열일곱을 살고 스물둘을 지나 서른과 마흔의 순간에 서른으로 일하고 마흔으로 살아야 한다. 예비의 인생을 살지는 않기로 했다. 내가 하는 일을 잘하기 위해 지금 해야 할 일에 집중하는 거다. 괴로워도 슬퍼도 떨리거나 무서워도. 일을 즐긴다는 건 그런 것이다. 내일 아침에도 나는 나의 일터에서 나의 동료들에게 "좋은 아침!"이라고 인사할 거다. 괴롭고 슬프고 떨리고 무서운 일들을 잘 해나가기 위해 나와 우리에게 주어진 또 하루의 시작, 그 좋은 아침을 자축하는 기분으로 말이다.

일을 잘하고 싶은 너에게

초판 1쇄 발행 2022년 11월 22일
초판 2쇄 발행 2023년 2월 28일

지은이 이원홍
펴낸이 김선식

경영총괄 김은영
편집인 박경순
유영 편집팀 문해림
마케팅본부장 권장규 **마케팅3팀** 권오권, 배한진
미디어홍보본부장 정명찬
브랜드관리팀 안지혜, 오수미 **뉴미디어팀** 김민정, 홍수경, 서가을
크리에이티브팀 임유나, 박지수, 김화정
디자인파트 김은지, 이소영 **유튜브파트** 송현석
재무관리팀 하미선, 윤이경, 김재경, 안혜선, 이보람
인사총무팀 강미숙, 김혜진, 지석배
제자관리팀 최완규, 이지우, 김소영, 김진경, 양지환
물류관리팀 김형기, 김선진, 한유현, 전태환, 전태연, 양문현, 최창우
외부스태프 디자인 강경신 **일러스트** 은작가

펴낸곳 다산북스 **출판등록** 2005년 12월 23일 제313-2005-00277호
주소 경기도 파주시 회동길 490
전화번호 02-704-1724
이메일 kspark@dasanimprint.com
홈페이지 www.dasan.group
인쇄 북토리 **제본** 대원바인더리 **후가공** 평창피앤지 **종이** 한솔피엔에스
ISBN 979-11-306-9486-3 (03190)